우리 반 파스퇴르

초판 발행	2022년 02월 15일
초판 4쇄	2023년 04월 15일
글쓴이	윤자영
그린이	도화
펴낸이	이재현
펴낸곳	리틀씨앤톡
출판등록	제 2022-000106호(2022년 9월 23일)
주소	경기도 파주시 문발로 405 제2출판단지 활자마을
전화	02-338-0092
팩스	02-338-0097
홈페이지	www.seentalk.co.kr
E-mail	seentalk@naver.com
ISBN	978-89-6098-800-2 74810
	978-89-6098-620-6 (세트)

ⓒ2022, 윤자영, 도화

- 저작권법에 의하여 한국 내에서 보호를 받는 저작물이므로 무단전재 및 복제를 금합니다.
- KC마크는 이 제품이 공통안전기준에 적합하였음을 의미합니다.

| 모델명 | 우리 반 파스퇴르 | 제조년월 | 2023. 04. 15. | 제조자명 | 리틀씨앤톡 | 제조국명 | 대한민국 |
| 주소 | 경기도 파주시 문발로 405 제2출판단지 활자마을 | 전화번호 | 02-338-0092 | 사용연령 | 7세 이상 |

은 씨앤톡의 어린이 브랜드입니다.

우리반 파스퇴르

루이 파스퇴르, 백신 개발을 꿈꾸다!

윤자영 글 | 도화 그림

리틀 씨앤톡

차례

파스퇴르, 환생하다	**007**
내가 5학년이라고?	**026**
전교과학탐구회장 선거에 나가다	**044**
백조목 플라스크 실험	**064**
아름다운 미생물의 세계	**081**

백신의 꿈	**106**
미생물이 없으면 지구도 없어	**130**
미생물의 오해를 풀어라	**143**
마지막 승부	**159**
작가의 말	**184**

파스퇴르, 환생하다

1895년 프랑스 파리 근교에서 한 노인이 죽음을 맞이하고 있다. 그는 27년 전 뇌일혈로 마비된 왼쪽 몸을 거의 쓰지 못한 것이 못내 아쉬웠다.

"27년 동안 내 몸의 반쪽을 제대로 쓸 수 있었다면, 인류를 괴롭힌 전염병을 더 깊이 연구할 수 있었을 텐데 아쉽구만."

그때 손자가 노인의 왼손을 꼭 쥐었다.

"할아버지의 연구 덕분에 많은 과학자들이 박테리아의 비밀을 알아낼 수 있게 되었어요."

손자의 위로에도 노인의 얼굴에는 아쉬움이 가득했다.

"다시 태어나 새로운 생명을 갖고 싶구나. 앞으로 새로 발견되는 미생물을 계속 연구할 수 있다면 얼마나 즐거울까!"

노인은 그렇게 눈을 감았다.

죽는 순간까지 미생물 연구를 계속하고 싶어 했던 노인의 이름은 루이 파스퇴르.

1822년 프랑스에서 태어나 저온 살균법을 최초로 개발했으며, 백조목 플라스크 실험으로 생물속생설을 증명한 과학자다. 또한 백신 요법을 처음으로 개발해 광견병으로부터 사람들을 지켜내기도 했다. '미생물학의 아버지'라고 칭송받던 그가 1895년 73세의 나이로 눈을 감은 것이다.

잠시 후 분명 영원히 눈을 감았던 파스퇴르의 눈이 저절로 떠졌다. 놀랍게도 주위는 안개가 자욱했고, 파스퇴르는 유유히 강물을 떠다니는 배 위에 있었다.

올리브 막대를 입에 물고 노를 젓고 있는 뱃사공이 보였다. 파스퇴르는 자신이 저승으로 가고 있다는 걸 감지했다.

"내가 진짜 죽은 게 맞구나. 저기 죽음의 뱃사공 카론이 노를 젓고 있으니 말이야."

카론은 파스퇴르를 힐끗 보더니 고개를 살짝 끄덕였다. 그런데 카론의 안색이 안 좋아 보였다. 연옥의 뱃사공답지 않게 연신 식은땀을 흘리고 있었다.

"콜록, 콜록!"

'신도 감기에 걸리나 보네…….'

파스퇴르는 마비되어 굳은 왼손을 돌려 보았다. 역시 죽음에 이른 것을 증명하듯 손이 잘 움직였다. 그러고는 손가락을 쥐었다 폈다 하며 말했다.

"모든 질병은 병원체 때문일 텐데 그걸 내 손으로 밝히지 못한 것이 못내 아쉽군."

유유히 흐르는 스틱스 강물을 보며 자신의 연구 인생을 회상하는 파스퇴르의 귀에 또다시 기침소리가 들렸다.

"콜록, 콜록!"

"인간의 몸에 질병을 일으키는 모든 병균을 사라지게 할 백신을 만들 수 있을까?"

"콜록, 콜록!"

"참, 얼마 전 세균보다 작은 바이러스를 발견했는데 그 바이러스의 정체는 도대체 뭘까?"

"콜록, 콜록!"

카론의 기침 소리가 오랜만의 사색을 방해하자 파스퇴르가 고개를 돌려 뱃사공을 쳐다봤다. 카론은 입에 물고 있는 나뭇가지 때문에 시원하게 기침을 하지 못하고 있었다.

"거, 감기에 걸리셨군요. 나뭇가지를 뱉고 시원하게 기침하시오."

카론은 여전히 나뭇가지를 입에 문 채 어물거리며 말했다.

"콜록, 남 시니야. 임간이 거리눈 간기 따이는 거리지 아나!"

'난 신이야. 인간이 걸리는 감기 따위는 걸리지 않아?'

그랬다. 한낱 인간일 뿐인 자신이 신을 걱정해 줄 필요는 없었다.

파스퇴르는 잠시 멈췄던 사색을 이어갔다. 다시 눈을 감고 미생물에 대해 생각하려는 그 순간 뱃사공의 기침 소리가 한층 더 크게 들렸다.

"으에취! 콜록!"

엄청난 기침 소리와 함께 카론이 물고 있던 나뭇가지가 강물에 빠져 버렸다.

"콜록, 안 돼! 콜록 콜록!"

"거참, 신경 쓰이게 만드네!"

카론이 삿대를 놓으며 주저앉았다. 망연자실한 표정으로 이마에 솟은 땀방울을 소매로 닦았다. 으슬으슬 몸을 떠는 것이 영락없이 병에 걸린 모습이었다.

파스퇴르는 자신의 겉옷을 벗어 카론의 등에 덮어 주었다.

"고, 고맙네."

파스퇴르는 카론의 이마에 손을 올렸다. 분명 열이 있었다.

"뜨겁군요. 열이 나는 것으로 보아 당신은 어떤 질병에 걸린 것입니다."

"난, 신이라고. 콜록! 병 따위는 걸리지 않아. 콜록!"

카론의 목소리가 점점 작아졌다. 몸이 계속 떨리고 기침이 멎지 않았다.

"병은 대부분 우리 눈에 보이지 않는 미생물에 의해 일어남니다. 당신은 분명히 질병을 일으키는 어떤 미생물에 감염되었어요."

"떽! 신을 무시하지 말게! 난 세균 따위에 지지 않아. 콜록!"

"신들의 세계에도 동물과 식물이 있으니 눈에 보이지 않는 미생물도 있을 것 아닙니까?"

파스퇴르의 말에 카론은 더 이상 부정하지 못했다.

"과연 그럴까? 우리 세계에도 미생물이 있다고? 콜록."

"난 살아 있을 때 질병에 대해 연구했습니다. 모든 질병에는 반드시 그것을 일으키는 병원균이 있다는 사실을 알게 되었습니다. 실제로 탄저병과 광견병을 일으키는 병원균을 찾고, 백신 치료도 해 봤어요."

파스퇴르의 말에 카론의 눈동자가 빠르게 움직였다. 무언가 기억이 난 것처럼 보였다.

"혹시 질병에 걸릴 만한 어떤 사건이 있었나요?"

"그러고 보니……. 내가 3일 전에 해태에게 물린 적 있소. 콜록."

"해태? 해태는 동물입니까?"

"이승의 사자와 비슷하게 생겼지만 머리에 뿔이 나 있지."

"그 해태는 정상이었습니까? 그러니까 평상시와 같은 모습이었느냐는 질문입니다."

"아니. 침을 질질 흘리고 있었고, 눈이 뻘겋게 달아올라 있었지. 순식간에 마구 짖으며 달려와 내 발을 물었다네."

파스퇴르는 신도 인간과 별다를 것 없는 존재라는 걸 깨달았다.

야생동물이 주로 걸리는 광견병을 개가 걸리기도 하는데, 이 광견병에 걸린 개에 사람이 물리면 공수병이라는 질병에 걸리게 된다. 공수병에 걸린 사람은 시름시름 앓다 결국 죽음을 맞이했다.

그래서 파스퇴르는 광견병을 치료하는 백신 요법을 개발하기 위해 부단히 노력했다.

"인간 세계에서 미친개에게 물리면 공수병에 걸립니다. 증상이 심해질 때까지 손을 쓰지 않으면 그 치사율은 백 퍼센트에 달할 정도로 무서운 질병이죠."

"뭐? 배, 백 퍼센트?"

"인간이 걸렸을 때 그렇다는 겁니다."

"치, 치료 방법은 있나?"

"바로 그 백신 요법을 제가 생전에 개발했습니다. 질병이 본격적으로 발병하기 전에 광견병 걸린 동물의 척수액을 뽑아 인간에게 접종하면 됩니다."

"그, 그럼 난 어떻게 해야 하지?"

"카론 님을 문 해태의 척수액을 뽑아 접종하면 될 겁니다."

"음……. 그냥 죽으라는 법은 없군. 고맙네, 파스퇴르! 얼른 가서 자네가 말한 대로 치료해 보겠네."

파스퇴르는 저승길에 만난 카론에게 치료법을 알려 줄 수 있어서 이승에 남긴 아쉬움을 그나마 조금 달랠 수 있었다.

"그럼 어서 갈 길을 가시죠."

재촉하는 파스퇴르와 달리 카론은 표정을 묘하게 일그러뜨렸다.

"자, 자네는 저승으로 갈 수 없네."

"그게 무슨 소리입니까? 갈 수 없다니요?"

"저길 보게. 저승으로 가는 길이 닫히고 있어."

카론이 가리키는 곳을 보자 검은 커튼이 닫히듯 저승으로 향하는 물길이 점점 사라지고 있었다.

"왜, 왜 길이 닫히고 있죠?"

카론은 잘못한 아이처럼 머리를 긁적이며 말했다.

"아까 내가 기침을 하면서 입에 물고 있던 올리브 막대를

강물에 떨어뜨렸네. 그러면 저승으로 가는 물길이 장막으로 닫혀 버리지. 다시 장막이 열릴 때까지 저승에는 갈 수 없다네."

파스퇴르는 한손으로 이마를 짚었다.

'저승의 안내자 카론이 이런 실수를 하다니…….'

가만 생각해 보니 인간과 다름없이 병에 걸려서 앓는 신이라면 이런 실수를 하지 말란 법은 없었다.

"그럼 저는 영원히 스틱스 강을 떠돌아야 합니까?"

"좀 전에 지난날을 회상하며 다시 이승으로 돌아가고 싶다고 하지 않았나?"

"그야 그렇지만, 그게 가능하긴 할까요?"

"내가 누군가? 카론이야. 내게 치료법을 알려 주었으니 나도 보답을 해야 하지 않겠나. 저승길의 장막이 다시 걷히기 전까지만 특별히 이승에 보내 주겠네."

카론은 선심 쓰듯 자신의 가슴을 손바닥으로 팡팡 쳤다.

파스퇴르는 아직 끝내지 못한 백신 연구를 마저 하고 싶었다. 몸이 성했다면 인간을 괴롭히는 질병을 더욱 연구해서 치료법을 찾고 싶었다. 아니, 마음 같아선 세상의 모든 질병을 치료할 수 있는 백신을 개발하고 싶었다. 그리고 자신이 죽기 직전 발견한 병원체, 바이러스도 깊이 연구하고 싶었다.

"좋아요. 가겠습니다."

카론은 걸려들었다는 듯 음흉한 미소를 짓더니 손가락 하나를 펴들었다.

"근데 조건이 있어."

"무슨 조건이죠?"

"자네는 21세기 대한민국으로 가서 100일 동안 의미 있는 일을 해야 해. 그래야 저승길의 장막이 걷힌다네."

"21세기라면 2000년대 말입니까?"

"그렇다네."

"그럼 의미 있는 일이라는 건 대체 뭔가요?"

"음……. 뭐라고 설명해야 할까? 일전에 레오나르도 다빈치는 모나리자의 눈썹을 다시 그리려고 했다지?"

"정확히 알려 주십시오?"

"자네가 잘하는 일을 하면 되지 않을까?"

파스퇴르의 머릿속에 바이러스에 관한 논문이 떠올랐다. 최근 발견되는 세균보다 훨씬 작은 바이러스가 존재하며, 이 바이러스가 인간의 몸에서 질병을 일으킨다는 내용이었다.

'바이러스로 인한 질병의 치료법을 개발한다면 의미 있는 일을 했다고 말할 수 있지 않을까? 아니, 아니야. 아예 모든 미생물을 지구상에서 없애 버리는 특효 물질을 개발해서 질병 없는 세상을 만드는 게 더 나을지도 몰라.'

"세상의 모든 미생물을 없애는 특효 물질을 개발하면 될까요?"

파스퇴르의 말에 카론이 손가락을 튕겼다.

"과연 모든 미생물을 없애는 게 좋은 걸까? 그게 의미 있는 일인지는 직접 확인해 보게. 100일 안에 자네가 그걸 해낸다면 장막이 다시 걷히고 저승에 온전히 갈 수 있다네."

'100일 안에 의미 있는 일을 하면 장막이 걷힌다…….'

파스퇴르는 잠시 생각에 빠졌다. 연구를 위해 항상 원인과 결과를 따져 보는 데 익숙한 인생을 살았다.

지금 카론은 다시 이승으로 보내 준다며 생색을 내고 있지만, 자신이 나뭇가지를 떨어뜨린 실수를 만회하기 위해 파스퇴르를 이용하는 걸지도 모른다. 파스퇴르를 저승으로 데려가지 못하면 난감해지는 건 오히려 카론 자신일 것이다.

카론의 눈이 초승달처럼 휘어져 웃고 있었다. 원하는 대로 되고 있다는 뜻이었다.

'흥! 그런 거였군. 갈 땐 가더라도 대가를 더 받아내야겠어.'

파스퇴르는 모른 척 배에 몸을 뉘이고는 눈을 감았다.

"저는 이승에 미련 없습니다. 흘러가는 강물을 보며 지난날 회상이나 하렵니다."

"뭐, 뭐라고? 이승에 다시 가고 싶지 않다고?"

"네. 지금으로부터 150년 후라면 과학 기술이 엄청 발전했을 텐데 제가 적응이나 하겠습니까?"

그러면서 파스퇴르는 살짝 실눈을 떠 보았다. 카론이 똥 마려운 강아지처럼 배 위를 왔다 갔다 하며 안절부절못했다.

카론이 곁에 다가오자 파스퇴르는 급히 눈을 감았다.

"제발 다시 가 주게. 그런 문제들은 해결해 주겠네."

"해결이요?"

카론이 초록빛 알약을 꺼냈다. 파스퇴르가 관심이 생긴 척 일어나 자세를 고쳐 앉았다.

"그래. 이 알약은 굉장히 귀한 거야. 신들의 영양제지. 한 알 가격이 거의 내 연봉과 맞먹는다고."

"그런데요?"

"인간이 이걸 먹는다면 아픈 곳이 싹 치료되고, 훨씬 똑똑해질 거야. 자네가 이걸 먹으면 21세기 과학 기술은 단번에 이해할 수 있을걸?"

카론의 말에 파스퇴르가 손가락 두 개를 펴들었다.

"무슨 뜻인가?"

"그럼 두 개 주세요."

카론이 화들짝 놀랐다.

"내 말을 귓등으로 들었나? 이건 아주 아주 아주 귀한 거라고."

"그럼 말든가요."

파스퇴르가 다시 몸을 뉘였다. 자신의 실수로 일어난 일이라 어쩔 수 없었는지 카론은 무척 당황했다. 이 일이 밖으로 알려졌다가는 신들에게 비웃음을 살 게 빤했다.

"내, 내가 졌네. 자네 같은 사람은 처음 봐! 이승이 싫다는 사람 말이야!"

그제야 파스퇴르가 일어나 손을 내밀었다. 카론은 울 것 같은 표정으로 초록빛 알약 두 개를 꺼내 파스퇴르에게 건넸다.

"다시 말하지만 이건 정말 정말 정말 귀한 거야."

파스퇴르는 초록빛 알약 하나를 입에 넣고 꿀꺽 삼켰다.

"자, 시작하시죠."

"급하기는. 일단 약효가 제대로 나타나는지 보자고."

카론이 손가락을 한번 퉁기자 네모난 물체가 손바닥 위에 나타났다. 카론이 손바닥을 들어 파스퇴르 눈앞에 내밀었다.

"이게 뭔 줄 알겠나?"

진짜 약효가 있는지 파스퇴르는 눈앞의 물체가 21세기 사람들이 사용하는 스마트폰이라는 걸 바로 알아챘다.

"오! 스마트폰이네요. 제가 죽은 지 150년밖에 안 됐는데 이렇게 놀라운 기술이 생겨났다니……. 혹시 21세기 사람들은 질병으로 고통 받거나 하지 않나요?"

카론은 초록빛 알약 두 개를 빼앗긴 것이 억울한지 인상을 찌푸리며 말했다.

"그건 자네가 직접 가서 알아보게나. 나도 서둘러 내 병을 고쳐야 하니 빨리 시작하자고."

파스퇴르는 심호흡 몇 번으로 마음을 진정시켰다.

"그럼 시작하시죠."

"참, 자네가 어떤 모습으로 환생해도 놀라지 말게나. 그냥 그 모습으로 할 수 있는 일을 하면 되는 거야."

카론은 손가락을 곧게 펴서 파스퇴르의 눈앞에 돌렸다.

"내 손가락을 바라보게."

빙글빙글 돌아가는 손가락을 바라보고 있자니 파스퇴르의 머리가 지끈지끈했다.

"어, 어지럽습니다."

"좋아. 그대로 잠이 들면 된다네."

카론의 말대로 눈꺼풀이 무거워졌다. 파스퇴르는 곧 깊은 잠에 빠져들었다.

내가 5학년이라고?

"박태르, 어서 일어나! 밥 먹고 학교 가야지?"

파스퇴르는 깊은 잠에서 깨어났다. 눈을 떠 보니 처음 보는 여성이 서 있었다. 바로 그 순간 카론에게 받은 알약의 효과가 나타났다.

이 여성은 파스퇴르가 몸을 빌린 사람의 어머니였다. 앞으로 여기서 생활하려면 최소한의 연기를 해야 한다.

"알겠어요, 엄마. 벌써 일어났어요."

어머니는 주먹을 움켜쥐며 말했다.

"다시 잘 생각하지 말고. 알았지?"

더 자고 싶었지만 어머니의 강한 말투에 파스퇴르는 고개를 끄덕였다.

"도대체 누구의 몸으로 들어온 거야? 날 박태르라고 부른 것 같은데."

파스퇴르는 다리를 위로 올렸다 힘차게 내리차며 그 반동으로 몸을 일으켰다.

"어? 잠깐. 내 다리랑 팔이 전부 움직이네."

파스퇴르는 뇌일혈로 죽기 전 27년간 반신불수의 삶을 살았다. 몸 전체가 제대로 움직인다는 것이 얼마나 큰 행복인지 알고 있었다.

스프링처럼 몸을 튕겨 일어나자마자 화장실을 찾아 들어갔다. 화장실 거울에는 통통한 몸매의 소년이 비쳐 보였다. 그 얼굴을 보자 지팡 초등학교 5학년 7반 박태르의 모든 정보가 머릿속에 흘러들어왔다.

"이게 뭐야? 어린애 몸에 들어왔잖아?"

이건 분명 카론의 복수였다. 초록빛 알약을 두 개나 빼앗았다고 소심하게 복수한 것이다.

"적어도 대학 교수로 환생해서 맘 편히 연구에 집중하게 될 줄 알았는데 초등학생이라니……. 큰일이다."

하지만 파스퇴르는 여기에 굴할 사람이 아니었다. 박태르의 몸으로 제자리에서 통통 뛰며, 새가 날아가는 것처럼 양손을 파닥거렸다. 무엇보다 몸이 마음대로 움직인다는 게 무척 기뻤다.

"흠, 좋아. 일단 미생물 연구는 나중에 하자고! 지금부터는 몸 건강한 박태르로 사는 거야!"

박태르는 거울에 비친 자기 얼굴을 보며 주먹을 불끈 쥐었다. 그러고는 세수를 해 보았다. 이렇게 편하게 양손으로 세수하는 건 정말 오랜만이었다.

신이 나서 요란하게 씻고 거실로 나갔다. 아버지, 어머니, 누나가 식탁에 둘러앉아 있었다. 맛있는 음식 냄새를 맡자마자 박태르의 배 속에서 꼬르륵 소리가 났다.

빈자리를 찾아 앉았더니 어머니가 사과 반쪽과 견과류 샐러드가 담긴 작은 접시 하나를 앞에 놓아 주었다.

"엄마, 전 한창 클 나이인데 이렇게 열량 낮은 풀만 먹어서야 되겠습니까?"

어머니도 사과를 포크째 들고 멍하니 박태르를 바라봤다.

"태르야, 너 다이어트 할 거라며? 아침도 샐러드식으로 달라고 했잖아."

그때 옆에서 중학생 누나가 말했다.

"크크크. 얘 왜 이래? 너 아침부터 뭘 잘못 먹었냐?"

누나의 비꼬는 말투에 아버지가 기침을 하면서 말했다.

"콜록, 으흠. 동생한테 그게 무슨 말이니? 태르야, 샐러드가 싫어서 그런 거니?"

"지금 배가 무지 고프단 말이에요."

"그래? 그럼 뭐가 먹고 싶은데?"

태르는 눈을 감고 원래 몸의 주인이 뭘 좋아했는지 떠올려 봤다.

'삼겹살?'

대한민국에서는 돼지 삼겹살을 훈제해서 베이컨으로 먹기보다, 불에 구워 상추에 싸서 먹는 것 같았다.

"삼겹살 쌈이요."

박태르의 대답에 아버지, 어머니, 누나의 눈이 동시에 동그래졌다.

"엥? 아침부터 삼겹살 괜찮겠어?"

"여보, 일단 고기 조금만 구워 봅시다."

아버지와 어머니는 서로 짜기라도 한 것처럼 자리에서 벌떡 일어났다. 곧이어 어머니가 프라이팬을 꺼내 삼겹살을 굽기 시작하자, 아버지는 냉장고에서 채소를 꺼내 물로 씻었다.

"야, 너 윤진서는 포기했냐?"

그때 누나가 태르에게 물었다.

'윤진서? 그게 누구지?'

초록빛 알약을 먹었는데도 태르의 머릿속에 아무도 떠오르지 않았다. 아마 직접 만난 사람의 정보만 알 수 있는 듯했다.

"너 걔 좋아한다고 전교과학탐구회 부회장 선거까지 나갔잖아. 윤진서는 회장, 너는 부회장."

누나가 놀리는 투로 말했다.

'박태르가 무슨 선거에 나갔었나 보군. 뭐, 학교에 가면 다

알 수 있겠지.'

그때 어머니가 막 구운 삼겹살을 태르 앞 접시에 놓았다. 기름기가 자르르 흘렀다. 파스퇴르가 살던 시대에는 이렇게 기름진 음식을 먹지 않았다.

아버지가 물기를 탈탈 턴 상추를 가져오며 말했다.

"태르 너 때문에 삼겹살 금지였는데, 오랜만에 한번 먹어 볼까?"

태르는 아버지가 하는 대로 상추를 펴서 쌈장을 찍어 올리고, 삼겹살과 흰 쌀밥을 올렸다. 그러고는 상추쌈을 오므려 입 안에 넣고 씹었다. 입속이 행복으로 가득 들어찼다. 삼겹살의 느끼함을 상추가 덜어 주었다. 거기에 짭조름한 쌈장은 고기 맛을 극대화했다.

'이게 대한민국 최고의 음식 삼겹살이구나.'

태르는 멈추지 않고 새 쌈을 싸서 입에 넣었다. 그걸 본 어머니가 걱정스러운 표정으로 말했다.

"태르야, 지금은 아침이야. 체할라, 천천히 먹어. 오늘 다이어트는 실패로구나. 잘 먹어서 좋긴 한데 다이어트는 정말 포기한 거니?"

박태르가 우걱우걱 씹으며 말했다.

"엄마, 맛있게 먹으면 살 안 쪄요."

"아이고, 알았어. 말은 참 잘해."

아버지가 태르의 말에 맞장구쳤다. 그러고는 상추 위에 삼겹살 두 점과 흰 쌀밥을 올려 만든 상추쌈을 그대로 입에 넣고 씹으며 말했다.

"여보. 어릴 때 먹는 건 다 키로 가니 걱정하지 마요."

"뭐, 잘 먹으면 좋지만……. 당신은 그만 먹어요. 더 이상 클 키도 없으면서."

어머니가 삼겹살이 담긴 접시를 빼앗아 태르 앞으로 옮기자 아버지가 아쉬운 표정을 지었다.

그렇게 아침식사가 끝나고 아버지는 먼저 나가 자동차에 시동을 걸었다.

"태르야, 이제 가야지. 어서 차에 타."

평소에 아버지는 출근길에 태르를 학교까지 데려다주었던 것 같았다.

박태르는 배도 부르고 기분도 좋아 왠지 몸을 움직이고 싶어졌다. 무엇보다 팔다리가 마음대로 움직이는 게 신기했다.

"아빠, 오늘은 다이어트도 할 겸 혼자 뛰어가 볼래요."

조수석에 먼저 타 있던 누나가 인상을 찌푸리며 말했다.

"정말 뭘 잘못 먹은 게 분명해."

그러고는 고개를 절레절레 흔들더니 아버지한테 말했다.

"아빠, 나 늦었어요. 쟨 놔두고 빨리 출발해요."

"아, 알았다. 그럼 태르야, 길조심하렴."

집에서 학교까지 거리는 1.2킬로미터였다. 지금부터 뛰어가면 10분이 채 안 걸리는 거리였다. 그리고 드디어 건강한 몸으로 달릴 수 있다.

"좋아. 이게 얼마 만에 달려 보는 거냐. 그럼 출발!"

박태르는 주먹을 불끈 쥐고는 첫발을 내디뎠다. 땅에 닿아 발바닥에서부터 전해지는 느낌을 기억하며 발을 힘차게 굴렀다. 눈을 감고, 양 볼을 스치는 시원한 공기를 느껴 보았다.

'이게 바로 달리는 기분인가?'

27년간 느끼지 못했던 상쾌함이었다. 이대로 두 발을 박차면 그대로 하늘로 날아갈 것만 같았다.

하지만 이 기분은 1분도 되지 않아 수그러들었다. 누가 세게 누르는 것처럼 심장이 아프기 시작했다. 숨소리가 거칠어

지더니 그새 양쪽 다리가 아파왔다.

박태르는 달리기를 멈추고 허리를 구부려서 양손으로 양 무릎을 짚었다.

"헉헉, 박태르 이 녀석 운동 부족이구만. 한동안 삼겹살을 금지했던 이유를 알겠어."

박태르는 서둘러 걷기 시작했다. 첫날부터 지각할 수는 없었다. 멈추지 않고 걸어서 종이 울리기 직전 겨우 교실에 도착했다. 다행히 늦지는 않았다.

자리를 찾아 앉아 잠시 숨을 고르면서 교실을 둘러보았다. 바로 옆에 앉은 아이가 요구르트를 마시고 있었다. 무심코 요구르트 병을 보고 박태르는 깜짝 놀랐다.

요구르트 병에는 '저온살균 파스퇴르 요구르트'라고 쓰여 있었기 때문이었다.

저온살균법은 파스퇴르가 개발한 살균법이었다. 150년이 지난 지금, 프랑스에서 멀리 떨어진 대한민국에 저온살균법으로 만든 요구르트를 초등학생이 마시고 있는 것이다.

게다가 '파스퇴르'라고 자신의 이름이 떡하니 붙어 있었다.

태르의 가슴 깊은 곳에서부터 벅찬 감동이 밀려왔다. 힘겹게 저온살균법을 연구하던 지난날이 떠올랐다.

루이 파스퇴르는 1822년 12월 27일에 프랑스 동부의 작은 마을에서 태어났다. 바로 직전 해인 1821년에 나폴레옹이 사망하면서 프랑스는 정치적으로 혼란한 시기에 접어들었고, 과학자들의 연구 활동 역시 침체될 수밖에 없었다.

모범적인 어린 시절을 보낸 파스퇴르는 부지런하고 매사에 꼼꼼한 학생이었다. 특히 그림 그리기를 좋아해 미술에 재능을 보이며, 사물과 생물을 오랜 시간 관찰하고 그 특징을 찾아 멋들어진 그림을 그렸다.

파스퇴르의 아버지는 파스퇴르의 재능을 일찍이 알아봤다.

"파스퇴르야, 넌 커서 어떤 사람이 되고 싶니? 그림을 잘 그리니까 화가가 되고 싶은 거니?"

"아니요. 전 좋은 교수가 될 거예요."

당시 교수는 사회적으로 큰 명예를 얻을 수 있는 직업이었다. 아버지가 보기에도 파스퇴르는 어떤 영역이든 유능한 교수가 될 수 있다고 믿었다.

"허허허, 우리 아들이 좋은 교수가 된다고? 그래! 네 재능이라면 유명한 교수가 될 수 있을 거야."

그러자 그림을 그리고 있던 파스퇴르가 붓을 내려놓으며 아버지의 얼굴을 똑바로 쳐다보았다.

"음……. 아버지, 제가 생각하는 '좋은 교수'는 유명하기만 한 사람이 아니라 인류의 복지에 이바지할 수 있는 사람이에요."

"아들아, 인류 복지가 무슨 뜻인지 알고는 있는 거니?"

"그럼요. 온 세상 사람들에게 도움이 되는 일을 할 거예요."

아버지가 생각하기에 파스퇴르가 말한 꿈은 보통 큰 꿈이 아니었다. 그래도 허황된 꿈이라며 질책하지는 않았다. 오히려 큰 꿈을 가진 파스퇴르에게 희망을 심어 주었다.

"그래. 언젠가 네 생각대로 이루어질 거다. 너는 관찰력이 뛰어나고 머리도 비상하니 요즘 유행하는 과학을 공부해 보는 건 어떻겠니? 과학이라면 네 뜻대로 인류 복지에 이바지할 수도 있을 거야."

"과학이요?"

"그래. 뉴턴, 갈릴레이도 모두 과학자란다."

이때 아버지의 조언이 파스퇴르의 뇌리에 박혔는지, 파스퇴르는 파리 고등사범학교에 들어가 공부한 뒤 여러 대학교에서 교수로 재직했다. 그렇게 과학자의 삶을 살던 파스퇴르는 피나는 노력 끝에 세계 최초로 저온 살균법 개발에 성공한다.

당시 사람들의 위생 개념은 매우 낮았다. 게다가 냉장고는 커녕 전기도 사용할 수 없어 실온에 보관한 우유가 금방 상하는 걸 막을 방법이 없었다. 마침 파스퇴르가 연구하던 결정학은 이러한 문제를 해결하는 데 유리한 학문이었다.

결정학은 여러 물질을 결정으로 만들어 현미경을 통해 관찰해 그 속성을 제대로 파악하는 데 목적을 둔 학문이다. 실제로 현미경을 통해 본 상한 우유에는 정상 우유에서 잘 보이지 않는 미생물이 많이 발견되었다.

파스퇴르는 이런 미생물이 우유를 상하게 만든다는 가설을 세우고 여러 가열법으로 미생물을 제거해 나갔다.

하지만 곧 또 다른 문제에 부딪히고 만다. 우유를 고온으로 가열하면 우유가 원래 갖고 있던 영양소가 파괴되고, 단백질

이 변성되어 본래의 맛을 잃었기 때문이다.

"그렇다면 답은 하나! 원래의 단백질을 변성시키지 않으면서 미생물만 죽는 온도를 찾아야 해."

파스퇴르는 먼저 물중탕 방법을 썼다. 이 방법은 시간이 많이 걸리기도 하고 고되기도 했다. 온도를 각기 달리하고, 가열하는 시간도 세밀하게 조절해야 했기 때문이었다.

한창 우유 연구에 빠진 파스퇴르를 보고, "우유를 상하기 전에 빨리 먹으면 되지 않느냐.", "우유가 상하면 그냥 버리면

되는데 쓸데없는 일에 에너지를 쏟고 있네."라며 비난하는 사람도 있었다.

그러나 파스퇴르의 생각은 달랐다. 무더운 여름에 더욱 빨리 상하는 우유를 먹은 아이들이 복통으로 아파하고, 목장에서 먼 지역에 사는 사람들은 뒤늦게 상한 우유를 받는 일이 빈번했기 때문이다.

파스퇴르는 그렇게 실험에 실험을 거듭해 영양소를 파괴하지 않고, 미생물만 죽이는 온도와 시간을 발견했다. 약 65도의 저온에서 30분간 가열하는 것이 최적의 방법이었다.

파스퇴르는 이 살균법을 '저온살균법'이라 불렀는데, 이 저온살균법은 훗날 포도주와 맥주를 만드는 데 활용되기도 했다. 당시 포도주와 맥주는 만드는 과정 중 발생하는 미생물 때문에 금방 상했는데 파스퇴르가 개발한 저온살균법을 사용해 더 오랫동안 발효시킬 수 있었다.

파스퇴르는 여기서 멈추지 않았다. 직접 저온살균을 할 수 있는 기계를 제작한 것이다. 한 번에 포도주 24병을 저온살균해 만들 수 있는 장치의 도면을 그리고 실제로 제작해 사람들

앞에서 시연까지 해 보였다.

이제 파스퇴르는 부자가 되는 일만 남았다. 그야말로 당시 획기적이었던 저온살균법과 기계로 특허를 낸다면 모든 신문의 1면을 장식할 뿐만 아니라 과학자로도 엄청난 유명세를 얻을 수 있었기 때문이었다.

하지만 파스퇴르는 다른 생각을 하고 있었다. 어릴 적 아버지 앞에서 다짐했던 꿈을 잊지 않았다. 파스퇴르는 주변의 만류에도 불구하고 특허 신청을 포기했다. 심지어 저온살균 기계의 도면을 누구나 볼 수 있도록 무료로 공개했다.

누구라도 저온살균법을 활용해 우유를 오랫동안 보관할 수 있게 되었고, 아이들은 신선한 우유를 마시며 건강히 자랄 수 있게 된 것이다.

얼마 지나지 않아 저온살균법은 대서양을 건너 미국에서 가장 먼저 채택되어 널리 퍼졌다. 그 덕분에 지금 박태르와 친구들이 저온살균이 된 요구르트를 언제 어디서든 마음껏 마실 수 있게 된 것이다.

전교과학탐구회장 선거에 나가다

"야! 박태르."

날카로운 목소리에 파스퇴르는 옛 생각에서 빠져나왔다. 소리가 난 쪽으로 고개를 돌려 보니 얼굴에는 마스크를 하고, 두 손에는 흰 면장갑을 낀 여자아이가 잔뜩 화가 난 눈으로 째려보고 있었다.

'아! 이 애가 윤진서구나.'

진서는 얼마 전 심한 폐렴에 걸린 다음부터 세균에 감염될까 무섭다며 늘 마스크와 면장갑을 하고 다녔다. 그리고 알고 보니 박태르는 예전부터 진서를 남몰래 좋아하고 있었다.

태르가 손을 들어 알은체했다.

"어, 진서야! 안녕?"

진서는 인사 받을 생각이 없는지 날카로운 목소리로 태르에게 물었다.

"박태르, 생각해 봤어?"

다짜고짜 묻는 진서의 의도를 태르는 단번에 이해할 수 없었다. 태르가 머뭇거리자 진서는 한숨을 푹 내고는 답답한 듯 이어 말했다.

"과학탐구회장 선거에 같이 나가자고, 러닝메이트 해 달라고 조를 땐 언제고 아직 공약도 정리 안 해 놓으면 어떡해?"

그 순간 태르는 오늘 아침 누나의 말이 떠올랐다.

곧 있을 과학탐구회장 선거에 진서는 회장으로, 태르는 부회장으로 출마한 상태였다.

과학체험 시범학교로 지정되어 있는 지팡 초등학교의 전교 과학탐구회장 선거는 미국의 대통령 선거제처럼 회장과 부회장이 함께 출마하는 방식이었다.

"아, 공약……. 조, 조금만 시간을 줘."

"선생님께서 그러는데, 이따 수업 시간에 발표해야 한대. 이제 어쩔 거야?"

태르의 목소리가 점점 작아졌다.

"일, 일단 네가 생각해 놓은 것부터 발표하면 안 될까?"

"으이구! 그럼 우리가 진다고! 발표 전까지 하나라도 생각해 놔!"

진서가 불만 가득한 얼굴로 말하자 태르는 안절부절못했다. 바로 그때 또 다른 목소리가 등 뒤에서 들렸다.

"하하하, 윤진서 화났네. 그러게 저런 찌질이를 러닝메이트로 삼으면 어쩌냐?"

남자아이가 서 있었다. 태르의 머릿속에 그 아이와의 기억이 떠올랐다.

이름은 김고우. 진서와는 전교 1, 2등을 다투는 라이벌이었다. 김고우도 이번 전교과학탐구회장 선거의 회장 후보로 나와 있었다.

김고우가 실실거리며 태르를 바라봤다.

'어? 이상하다? 뭔가 선명하지 않아.'

이상하게도 김고우는 다른 사람들처럼 원래 모습이 명확하게 떠오르지 않았다. 뭔가 정체를 감추고 있는 듯 안개 속처럼 흐릿하게 그려졌다.

태르가 난감한 얼굴을 하고 있자, 진서의 날카로운 목소리가 대꾸했다.

"야, 김고우! 말조심 해. 찌질이라니."

그러자 김고우는 입술을 모아 "오~." 하며 일부러 놀란 표정을 지었다.

"친구? 윤진서, 너 박태르가 네 친구라는 거지? 좋아. 잠깐 들어보니까 박태르, 쟤는 아직 공약도 못 정한 것 같은데? 이럴 거면 우리끼리 싸울 게 아니라 내가 회장, 네가 부회장으로 나왔으면 좋았잖아?"

진서는 김고우의 태도가 맘에 안 드는 듯 가슴 앞에 팔짱을 낀 채 말했다.

"옆에서 남의 말이나 엿듣는 비열한 애랑은 같이 하고 싶지 않아!"

"뭐? 비, 비열? 쳇, 어디 두고 보자고. 이따 우리 공약 듣고 후회하지나 마셔!"

김고우가 흥분한 목소리로 따졌다.

그때 수업 시작을 알리는 종이 울렸다. 김고우는 태르를 쏘아보더니 자기 자리로 돌아갔다. 잠시 후 자기 자리로 돌아가려는 진서를 태르가 불러 세웠다.

"고마워, 진서야."

"뭐가?"

태르는 자신을 위해 일부러 나서 준 진서에게 고마웠다.

"그냥. 이해해 줘서 고맙다고."

진서는 면장갑을 낀 손으로 자기 이마를 짚었다.

"으이구. 그렇게 고마우면 얼른 멋들어진 공약이나 생각해 봐."

마침 담임선생님이 들어왔다. 떠들썩했던 교실이 한순간에 조용해졌다. 선생님이 칠판에 '선거 공약 발표'라는 글씨를 크게 적었다.

"1교시에는 어제 예고한 대로 전교과학탐구회장 선거 공약 발표회를 할 거예요. 우리 반에서만 후보가 두 팀이 나와서 점검 차원에서 하는 거니까 다들 진지하게 들어봐 주세요."

지팡 초등학교의 전교과학탐구회장 선거는 후보들이 주요 공약 중 한 가지를 미리 실행해 보고 유권자인 학생들은 그걸 반영해 투표한다.

지난 선거에서 학생들은 일단 당선되고 보자는 식의 무분별한 공약을 세웠다.

'과학실을 리모델링 해서 개인 실험실을 만들겠습니다.', '학교 안에 로봇 박물관을 설치하겠습니다.', '전교생이 참여할 수 있는 코딩 대회를 만들겠습니다.'처럼 대부분이 열광할 만한 공약들이었다.

하지만 한정된 예산으로 과학실 리모델링은 불가능했고, 이런저런 법 문제로 학교에 로봇 박물관을 만들 수도 없었다. 또 수업 진도를 맞추기 빠듯한 상황에 코딩 대회에 시간을 할애할 수도 없었다. 결국 이런 공약들은 당선되더라도 결국 흐지부지되기 일쑤였다.

이처럼 무분별한 공약 남발을 막고자 학교에서는 공약 중

한 가지를 학생들과 미리 체험해 보는 방법을 제안했다. 덕분에 학생들은 미리 체험해 본 공약이 얼마나 실현 가능한지 직접 파악할 수 있게 되었다.

또한 공약 진행 과정에서 후보들이 어떻게 일을 하는지, 됨됨이도 엿볼 수 있었다. 결과적으로 학생들은 이 기회를 통해 학교에 가장 필요한 후보에게 투표할 수 있게 된 것이다.

담임선생님은 교실을 한번 둘러보고 말했다.

"그럼 먼저 윤진서, 박태르 후보 앞으로 나오세요."

진서가 고개를 돌려 태르를 쳐다봤다. 태르가 두 손으로 엑스자 모양을 만들었다. 진서의 입을 가린 마스크가 꿈틀댔다. 좋은 말은 아닌 것 같았다.

피한다고 될 일은 또 아니었다. 먼저 적을 알고 나를 알아야 한다. 태르가 손을 번쩍 들었다.

"선생님, 마음의 정리가 아직 안 되어서 그런데 다른 후보부터 하면 안 될까요?"

태르의 요청에 선생님이 난처한 표정을 지었다.

"어제 정한 발표 순서대로 해야 하지 않겠니?"

태르는 '전 오늘 이 모든 게 처음이라고요!'라고 외치고 싶었다.

그때 김고우가 구세주를 자처하며 자신만만한 얼굴로 자리에서 일어났다.

"선생님, 저 팀은 아직 준비가 덜 된 것 같으니 저희부터 할게요. 물론 허락을 해 주신다면요."

그제야 선생님의 미간 주름이 밝게 펴졌다.

"그래? 그럼 그렇게 할래?"

"그럼요."

회장 후보 김고우와 부회장 후보 민소율이 앞으로 나가더니 하이파이브를 짝, 했다. 민소율이 교탁 앞에 섰다.

"제가 먼저 발표하겠습니다."

민소율의 카랑카랑한 목소리가 교실 안에 울려 퍼졌다.

"우리는 내년에 최고학년인 6학년이 됩니다. 그리고 곧 중학교에 올라가겠죠. 그럼 특별한 추억 하나 없이 헤어져야 합니다. 그래서 저희는 1박 2일 과학 캠프를 제안해 봅니다."

과학 캠프라는 말에 교실 안이 시끄러워졌다. 아이들은 자세한 내용을 더 듣지 않고 손뼉을 치거나, 환호성을 질렀다.

"예전 선배들은 6학년 때, 수학여행이나 졸업여행을 갔다고 합니다. 하지만 몇 년 전에 전부 없어졌어요. 선생님들과 부모님들은 우리를 어린애로만 생각하고 안전이 최우선이라는 핑계로 거의 모든 활동을 막았습니다. 우리에겐 초등학생으로서의 마지막 추억이 필요해요. 야외 캠프가 안 된다면 학교 강당 안에서 진행하는 1박 2일 과학 캠프라도 추진하겠습니다. 우리는 더 이상 어린애가 아닙니다. 스스로 규칙과 안전을 지킬 수 있습니다!"

"맞아! 맞아!"

"우린 어린애가 아니다!"

아이들의 환호성은 점점 커졌다. 교실 뒤에서 지켜보던 담임선생님이 마른기침을 한번 하면서 걸어나왔다.

"다들 진정! 진정하세요"

담임선생님이 그렇게 몇 번 말리고 나서야 교실은 다시 조용해졌다.

"지금 이 공약은 여러 가지로 검토할 부분이 많습니다. 국가에 법과 의무가 있듯이 학교에는 규정과 규칙이 있어요. 캠프를 하게 되면 그에 걸맞은 규정과 규칙이 필요하답니다."

담임선생님의 말이 맘에 안 들었는지 누군가 야유를 했다.

"여러분이 지금처럼 행동한다면 선생님들이나 학부모님들은 여러분을 더 어린애처럼 바라보지 않을까요?"

그제야 아이들이 흥분을 가라앉히는 듯했다.

"부회장 후보의 공약은 선생님이 잘 검토하고 가능한지 알아보겠습니다. 자, 그럼 회장 후보 김고우 학생 나오세요."

선생님이 지명하자 김고우가 교탁 앞으로 나와 섰다. 그러고는 학생들을 한 번 둘러보더니 뜬금없는 질문을 했다.

"여러분, 중력이 뭐죠?"

잠시 교실에는 정적이 흘렀지만, 곧 이곳저곳에서 '지구가 잡아당기는 힘'이라는 답이 나왔다.

"잘 알고 있네요. 그럼 미생물은 뭘까요?"

아이들은 '병균', '아메바', '바이러스'처럼 나름 알맞은 대답을 했다.

"좋습니다. 대부분 정답이에요. 그럼 여러분 중에서 세균이

나 세포를 현미경으로 직접 본 적 있는 분 있나요?"

아무도 손을 들지 않았다.

"우리는 어려서부터 브리태니커 백과사전처럼 두꺼운 책과 학교 수업을 통해 과학 이론을 충분히 배웠습니다. 학교에서 배운 과학 수업은 이제 시시하기까지 해요. 오히려 유튜브의 과학 실험 채널을 보는 게 훨씬 재미있어요. 그만큼 우린 이론만 알고 있을 뿐 실제로 실험해 본 적은 거의 없었습니다. 시험을 위해 암기만 할 뿐 과학이 얼마나 재미있는지 모르고 지낸 거죠."

이곳저곳에서 웅성거리는 소리가 들렸다. 김고우는 교실 안 분위기가 무르익자 검지를 앞으로 쭉 뻗었다.

"그래서 제안합니다. 이름하여 지팡과학대제전! 최근에 전 과학 동아리를 만들어 활동하고 있습니다. 우리 학교 과학실에 현미경이 있다는 거 알고 계셨나요? 아마 대부분 몰랐을 거예요. 현미경만 있다면 양파 세포, 입 안의 상피세포, 심지어 우리 혈액의 백혈구, 적혈구도 직접 관찰할 수 있어요. 학교 연못에는 아메바, 짚신벌레 같은 미생물도 있다는 것도 학생들은 모를 거예요. 전 지팡과학대제전에서 우리 곁에서 발생하는 과학 현상을 직접 관찰하고 체험할 수 있도록 기획할 생각입니다."

김고우의 말을 듣고 선생님이 제동을 걸었다.

"잠깐! 고우야. 학생들에게 과학 체험을 시켜 주자는 취지는 좋아. 그런데 이런 행사는 누가 진행해야 할까?"

"저희 과학 동아리가 주최할 생각이에요. 물론 부족한 부분이 있다면 선생님들께 도움을 청할 수도 있어요. 지금까지 학생들이 경험해 본 적 없는 행사로 만들고 싶어요."

김고우의 자신만만한 대답에 담임선생님이 슬쩍 미소를 띠며 물었다.

"그래? 그럼 하나만 물어볼게. 직접 양파 세포와 입 안 상피 세포를 관찰할 수 있다는 말이니?"

"네, 양파 세포는 식물 세포니까 아세트올세인으로, 입 안 상피세포는 동물 세포니까 메틸렌블루 용액으로 염색해요. 그러면 세포의 핵이 뚜렷하게 보이죠."

아이들의 입에서 "오~." 하는 감탄사가 흘러나왔다. 김고우는 자기가 과학 선생님이라도 된 것처럼 거침없이 설명을 이어나갔다.

"현미경 관찰을 위해서는 먼저 표본을 만들어야 해요. 받침유리에 우리가 관찰할 것을 올립니다. 연못의 미생물을 관찰하려면 연못물을 한 방울 떨어뜨리면 되겠죠. 그리고 덮개유리를 덮어 프레파라트를 완성해요. 프레파라트를 현미경의 재물대 위에 올리고 낮은 배율부터 관찰하면 됩니다. 현미경의 배율은 대물렌즈의 배율 곱하기 접안렌즈의 배율로……."

담임선생님이 멈춤 없이 설명을 이어나가려던 김고우의 어깨를 잡았다.

"그래. 그 정도면 됐다. 정말 잘 알고 있구나. 어떻게 그렇게 잘 알고 있니?"

"제가 잘 알고 있는 게 아니에요. 우리 모두 이미 알고 있는 내용이에요. 다만 실습 없이 책으로만 배우다 보니 금세 잊어버린 거예요. 백문불여일견이라는 말도 있잖아요."

담임선생님은 잠시 팔짱을 끼더니 고개를 끄덕였다. 왠지 선생님도 김고우의 공약이 맘에 든 것 같았지만 선거에 영향을 미칠지 몰라 조심하는 듯 보였다.

"음……. 혹시 질문 있는 사람?"

그때 미진이가 손을 들었다.

"정말 우리 학교 연못에 아메바, 짚신벌레가 있는 거야?"

김고우가 대답했다.

"학교 연못은 깨끗하다고 할 수 없어. 저 정도면 아주 많은 미생물이 살고 있을걸?"

김고우의 말대로 학교 연못물의 색깔은 녹색에 가까웠다. 머릿속에 더러운 연못이 떠올랐는지 어떤 학생들은 인상을 찌푸리기도 했다.

그때 선생님이 손뼉을 크게 치며 산만해진 아이들을 집중시켰다.

"좋아. 여기까지. 준비 잘 해 온 김고우, 민소율 후보에게 박수를 보냅시다."

두 사람이 자기 자리로 돌아가 앉을 때까지 박수 소리는 끊이지 않았다. 박수 소리를 득표수로 환산한다면 보나마나 당선에 가까웠다.

"다음 후보자 윤진서, 박태르 앞으로 나오세요."

태르는 진서의 눈치를 보고는 먼저 앞으로 나갔다. 앞의 후보자들의 발표를 듣는 둥 마는 둥하며 아이디어를 떠올려 봤지만 미처 다 정리하지 못한 상태였다.

"누구부터 할래? 진서부터 할까?"

"네! 내가 최대한 시간 끌어 볼게."

진서가 태르에게 귓속말을 하고는 교탁 앞에 섰다.

"아, 알겠어."

태르가 좀 더 생각을 정리할 수 있도록 눈치 빠른 진서가 먼저 나선 것이다. 곧이어 진서의 공약 발표가 시작했다.

"여러분, 우리 지팡 초등학교는 공원으로 둘러싸여 있어요. 생태둘레길도 공원에서 이어져 있고요. 하지만 그동안 우린 학교가 끝나면 바로 학원에 가느라 공원 한 바퀴를 제대로 돌아볼 여유가 없었습니다."

"맞아. 진짜 아쉬워. 휴,"

"난 이제 일주일에 학원을 다섯 군데나 다녀."

"엄마한테 학원 안 가고 싶다고 말했다가 혼났어."

진서의 말에 공감한 듯 아이들이 한탄했다.

"봄이 되면 공원에는 여러 종류의 꽃들이 만발하고, 생태공

원답게 다람쥐, 고라니, 딱따구리 같은 동물도 만날 수 있어요. 그래서 저는 선생님과 함께하는 생태둘레길 걷기를 제안합니다."

그때 진서의 말을 가만히 듣고 있던 담임선생님이 물었다.

"생태둘레길은 이해가 되는데 선생님은 어떤 역할을 하면 될까?"

"저는 단순한 생태둘레길 체험보다 하나의 의미를 더하고 싶어요. 교실 안에서 접할 수 없는 멋진 풍경을 배경으로 단체 사진을 찍어 사진전도 열고 싶어요. 선생님과 학생 그리고 자연이 하나가 되는 거죠."

"오, 그거 좋다."

"봄에는 꽃구경 가야지."

"선생님이랑 사진 찍고 싶어."

아이들의 반응이 여기저기서 터져 나왔다.

"그렇구나. 그럼 다른 질문 있니?"

선생님의 물음에 지윤이가 손을 들고 말했다.

"사진전 여는 김에 자연을 주제로 지은 시도 같이 전시하는 건 어때?"

"그래. 시화전? 아니다, 그럼 시사전인가? 큭큭."

지윤이의 의견에 대체로 여자아이들이 호응한 반면, 남자

아이들은 시큰둥한 반응을 보였다.

"이제 부회장 후보 박태르의 공약을 들어볼까?"

선생님의 말에 진서가 교탁 앞에서 비켜났다. 그러면서 진서는 태르에게 간절한 눈빛으로 응원을 보냈다. '뭐라도 좀 해 봐!'라고 말하는 것 같았다.

발표가 계속되는 동안 태르는 어떤 공약이 학교와 학생들에게 가장 유익할지 고민했다. 그리고 자신이 가장 잘할 수 있는 것을 떠올렸다. 김고우가 제안한 과학대제전보다 더 재미있고 흥미로운 게 필요했다.

자신이 할 수 있는, 바로 그것밖에 안 떠올랐다.

"저는 학생들과 과학자 파스퇴르의 '생물속생설' 실험을 직접 해 보고 싶습니다."

백조목 플라스크 실험

파스퇴르가 활동하던 1850년 중반에는 당연하다고 믿었던 상식들이 무너지기 시작한 시기였다.

실제로 태양과 달, 그리고 행성들이 지구를 중심으로 공전한다는 천동설이 널리 받아들여진 상황에서, 갈릴레이는 망원경으로 행성의 모양을 관찰해 태양을 중심으로 지구와 행성들이 공전하고 있다는 지동설을 주장했다.

또한 당시 하느님이 인간을 만들었다는 창조론을, 다윈은 갈라파고스 생물을 관찰한 뒤 진화론을 주장하며 반박했다.

이처럼 과학이 빠르게 발전하던 시기였다.

그중에서 파스퇴르의 관심을 끈 것은 생물의 탄생이었다. 고대 그리스 철학자들은 썩은 고기에 구더기가 생기고, 곡식을 보관하는 곳간에 쥐가 나타나는 걸 보고 특정 환경에서 생물이 저절로 생겨난다는 자연발생설을 주장했다.

이런 자연발생설은 천동설과 창조론처럼 1600년대까지 사람들에게 사실로 받아들여졌다.

하지만 이탈리아 과학자 레디는 여기에 반기를 들며 자신의 실험을 공개했다.

고기를 넣은 두 개의 유리병 중 하나는 그냥 두고, 다른 하나는 천으로 입구를 막았다. 썩은 고기에는 구더기가 자연적으로 생긴다는 가설이 틀렸다는 걸, 천으로 입구를 막아 놓은 유리병에 구더기가 생기지 않은 것으로 증명한 것이다.

그는 입구를 막지 않은 유리병에 구더기가 생기는 것이 아니라 파리가 들어가 알을 낳고, 알이 부화해서 구더기가 생긴다는 사실을 밝혀 낸 것이다.

대신 천으로 입구를 막은 유리병 속 썩은 고기에서는 많은 미생물이 관찰되었다.

이 실험으로 어쩌면 눈에 보이지 않는 미생물이 저절로 발

작은 미생물도 자연적으로 발생하지 않는다는 걸 증명하기 위해 실험에 나섰다.

고깃국물을 끓여 담은 그릇을 공기가 들어가지 않도록 밀봉해 놓았더니 한동안 고깃국물이 썩지 않은 채로 유지되었고, 얼마간 시간이 지난 후에도 미생물은 발견되지 않았다.

하지만 이 실험 결과를 믿고 싶지 않았던 과학자들은 밀봉을 했기 때문에 공기가 통하지 않았고, 그래서 자연의 힘이 투입되지 못해 미생물이 발생하지 않았다며 우겼다.

당시 파스퇴르는 신선한 우유와 포도주에서 특정 미생물이 발견되지 않는데, 상한 우유와 포도주에서는 미생물이 발견된 걸 확인한 뒤로 자연발생설을 믿지 않았다.

특정 미생물은 저절로 생기는 것이 아니라 발효 과정 중 미생물이 투입되어 우유와 포도주를 상하게 만든다고 믿었다. 하지만 이 주장 역시 증명이 문제였다.

"고깃국물을 끓여 미생물을 모두 죽여도, 공기가 통하도록 뚜껑을 열어 두면 공기 중의 미생물이 고깃국물에 들어갈 테니 말이야. 그럼 미생물이 번식을 시작하고, 고깃국물을 상하게 만들 거야."

파스퇴르는 고민에 빠졌다. 공기가 통하면서도 미생물이 들어가지 못하도록 하는 방법을 찾아야 했다.

골똘히 생각하고 있는 파스퇴르를 보고 동료 과학자가 물었다.

"이보게, 파스퇴르. 자네의 연구만 하면 되는데, 무엇 하러 생물속생설을 증명하려고 애쓰고 있는 건가?"

"친구, 생물속생설을 증명하는 건 내게 매우 중요한 문제라네."

"왜 그렇지?"

"난 포도주와 우유가 상하는 것이 특정 미생물 때문이라고 생각하고 있네."

"그건 나도 동의한다네. 자네의 실험 결과를 보았네. 하지만 우유가 상하는 것과 생물속생설은 어떤 관계도 없지 않은가?"

파스퇴르가 현미경을 들여다보며 말했다.

"앞으로 미생물의 시대가 올 거야. 음식을 상하게 하는 원인이 미생물의 활동이라는 사실을 밝혀 낸다면, 미생물을 마음대로 조정해 음식을 오래 보관할 수 있어. 또 인간의 질병은 어떻고? 특정한 미생물이 인간의 몸 안에서 활동해 일어나는 질병을 훨씬 빠르게 치료하게 된다네."

당시 사람들은 악령의 저주나 나쁜 공기 때문에 어쩔 수 없이 질병에 걸린다고 믿었다.

"설마……."

"그럼 자네도 페스트가 악령이 몸에 들어와 생긴다고 믿고 있는 건가?"

파스퇴르가 황당한 표정을 하고 물었다.

"그건 아니지만, 미생물이 사람의 목숨을 좌우할 만큼 큰 병을 만들어 낸다는 말에는 쉽게 동의할 수 없네."

"우린 되도록 환자 가까이에 가지 않는 게 좋다는 걸 알고 있네, 병이 옮을 수 있기 때문이지. 그래서 페스트와 같은 전염병이 발병하면 환자를 격리시키는 거야. 그러한 전염성은 어디서 온 걸까? 우리가 볼 수 없지만 공기를 통해 돌아다닐 수 있는 미생물이라면 충분히 가능한 일이라네."

파스퇴르는 창가로 자리를 옮겼다. 그러고는 창밖을 바라보면서 이어 말했다.

"미생물도 번식해! 즉 생물속생설을 증명한다면 앞으로 무서운 질병을 예방하고, 치료할 수 있는 날이 올지도 몰라."

"자네는 거기까지 생각하고 있군. 할 수 없지. 나도 옆에서 자넬 응원하겠네."

파스퇴르는 동료의 칭찬에 멋쩍은 듯 고개를 끄덕였다.

한편 동료는 분젠버너로 유리를 가열하고 있었다. 당시에는 스포이트나 플라스크 같은 유리 실험 기구를 실험실에서 직접 만들어 사용했다. 유리는 고온으로 가열하면 물렁해지는데, 이때 집게를 이용해 특정한 모양을 만들 수 있었다.

동료는 빨갛게 가열된 유리관을 집게로 잡아 늘렸다. 입구가 뾰족한 스포이트를 만들기 위해서였다.

무심코 이 모습을 바라보고 있던 파스퇴르의 머릿속에 갑자기 번개가 쳤다.

'입구가 기다랗고, 구부러져 있다면 미생물도 중간에 걸리지 않을까?'

"이보게, 친구! 분젠버너 좀 써야겠네."

파스퇴르는 즉시 실험에 들어갔다. 플라스크에 고깃국물을 넣고 팔팔 끓여 미생물을 죽였다. 그리고 플라스크의 입구를 가열해 S자 형태로 길게 뽑아 구부렸다. 지금껏 없었던 플라스크가 탄생하는 순간이었다.

이후 파스퇴르는 백조의 목과 비슷하게 생긴 이 플라스크를 '백조목 플라스크'라고 불렀다.

결국 파스퇴르의 생각대로였다. 입구를 막지 않았는데도 고깃국물은 썩지 않았다. 공기가 통해도 미생물이 저절로 생기지 않는다는 사실을 증명한 것이었다. 미생물은 백조목 플라스크의 긴 입구를 통해 들어오다가 유리벽에 생긴 작은 물방울에 잡힌 것이다.

1864년 파스퇴르는 소르본 대학교의 강연에서 이렇게 말했다.

"여러분. 미생물은 저절로 생겨나는 것일까요? 아님 어떤 조건에 의해서 만들어지는 걸까요?"

그러면서 몇 년 전 직접 만들었던 백조목 플라스크를 높이

들어 보였다.

"저는 몇 년 동안 고깃국물에서 미생물이 자연적으로 발생하기까지 기다리는 실험을 반복해 봤습니다. 일부 과학자들이 말하는 자연의 이치가 새로 일어나길 간절히 바라면서 말이죠. 하지만 그러한 일은 일어나지 않았습니다. 그로 인해 전 미생물 역시 또 다른 미생물에 의해 생겨난다는 답을 얻었습니다. 이것이 바로 생물속생설입니다."

파스퇴르의 실험 결과 발표로 인해 오랫동안 지지 받았던 자연발생설은 사실상 자취를 감췄다.

파스퇴르는 궁금한 게 생기면 그게 무엇이든 실험을 통해 확인하는 걸 좋아했다. 그리고 단순히 실험만 한 게 아니라 그 결과를 활용해 인간에게 어떤 이로움을 줄 수 있을지 연구 범위를 확장해 나갔다.

그렇게 그는 무균조작법을 고안하고 살균의 개념을 새로 세웠으며, 대중이 활용할 수 있는 기계를 개발하기도 했다. 이것은 세균학의 탄생을 알린 대사건이기도 했다.

"눈에 보이지 않는 세균도 하나의 생물입니다. 세균은 썩은 고깃국물에서 저절로 생기는 것이 아니라 세균이 들어가 번식한 거예요. 백조목 플라스크 실험을 통해 직접 알아볼 생각이에요."

태르는 자신이 생전에 했던 실험 결과를 아이들에게 상세히 설명하며 공약의 근거로 내놓았다. 그러나 아이들의 반응은 그리 열광적이지 않았다. 미생물의 특징은 이미 수업 시간에 배운 내용이었다.

5학년이라면 음식이 상하는 이유가 세균 때문이고, 감기에 걸리는 건 감기 바이러스 때문이라는 사실을 모를 수 없었다.

그때 담임선생님이 반 아이들에게 말했다.

"이번 공약에 대해 질문 있나요?"

잘 걸렸다는 듯 김고우가 손을 번쩍 들었다.

"박태르, 너는 박테리아와 바이러스의 차이에 대해 알고 있니?"

태르는 난감했다. 파스퇴르가 세상을 떠날 때만 해도 바이러스는 완전히 연구되지 않은 상태였다. 태르가 당황해하자 김고우가 실실 웃었다.

"그것도 모르면서 무슨 실험을 하겠다는 거야?"

"그, 그래도 백조목 플라스크 실험은 자연발생설을 뒤집은 최초의 실험이었어."

"그게 뭐가 대단하다는 거야? 그리고 우리 교실에서 세균이 생물이라는 것도 모르는 애는 없다고!"

김고우가 태르를 쏘아붙였다. 왜인지 김고우는 화가 나 있었다.

"넌 도대체 나에게 왜 그러는 거야?"

"공약이라고 갖고 온 게 어이없어서 그렇다!"

분위기가 심상치 않자 담임선생님이 나섰다.

"그만! 김고우, 자리에 앉아. 오늘 발표는 이것으로 마무리하죠. 그리고……."

담임선생님이 태르를 바라보았다.

"태르야, 네가 말한 실험은 생각 좀 해 봐야 할 것 같구나.

학교에서 분젠버너로 유리를 가열하는 건 너무 위험하단다. 초등학생이 직접 할 수 있는 실험은 아닌 것 같아. 아직 시간이 있으니까 다른 공약도 준비해 보는 게 좋을 것 같구나."

테르는 자기 생각을 온전히 전달하지 하지 못한 데다 선생님의 조언을 들어서인지 아쉬운 표정이 얼굴에 가득했다.

그때 수업 마침 벨이 울렸다. 담임선생님이 밖으로 나가자 교실은 다시 떠들썩해졌다.

태르가 진서를 돌아봤다. 진서는 태르와 눈이 마주쳤지만, 화가 났는지 휙 고개를 돌리고는 자기 자리로 들어가 앉았다. 원래 몸의 주인인 박태르에게 괜히 미안했다.

'학생들이 혹할 만한 공약이 뭘까? 얼른 생각해 봐야겠다.'

생각해 보니 지금 공약보다 더 중요한 것이 있었다. 카론과 약속한 대로 미생물을 퇴치해서 질병을 치료할 수 있는 방법을 서서 찾아야 한다. 갑자기 머리가 지끈거렸다.

태르가 자리에서 머리를 쥐어뜯고 있는데 등 뒤에서 김고우의 목소리가 들렸다.

"야! 박테리아!"

그 소리에 태르가 고개를 돌렸다. 김고우가 분노 가득한 눈으로 쳐다보고 있었다.

"지금 나한테 박테리아라고 부른 거니?"

"그래, 여기서 박테리아가 너 말고 누가 있냐?"

박테리아는 세균이다. 물론 박태르와 비슷하게 들릴 수 있지만 김고우는 태르를 세균 취급하며 나쁘게 부른 것이다.

"아무리 이름이 비슷하더라도 그렇게 부르면 안 되지."

"안 되긴 뭐가 안 돼? 그리고 애초에 넌 박테리아 자체라고!"

김고우가 태르를 쏘아붙이며 화를 냈다. 태르는 김고우에게 풍기는 묘한 느낌이 왠지 낯익었다.

'김고우는 왜 이렇게 박태르를 싫어하는 거지? 뭔가 있다!'

태르는 김고우가 뭔가를 숨기고 있다고 생각했다. 눈에 힘을 주고 김고우의 눈을 똑바로 바라봤다. 하지만 그럴수록 눈앞이 안개처럼 뿌옇게 변할 뿐이었다.

"나에게 왜 그러는 거야? 아니, 너 도대체 누구야?"

"호호호, 아직도 모르네."

김고우가 갑자기 검지를 펴들고 태르의 얼굴을 가리켰다.

"박태르, 승부다. 이번엔 반드시 널 이겨서 과학탐구회장이 될 거다!"

아름다운 미생물의 세계

그날 이후 금세 며칠이 흘렀다. 태르는 하루하루 학교생활이 익숙해졌다.

"오늘 공부할 단원은 다양한 생물과 우리 생활입니다. 과학 교과서 37페이지를 펴 보세요."

선생님이 말한 37쪽에는 다양한 미생물의 사진이 실려 있었다. 태르는 현대 기술이 이 정도로 발전했다는 사실에 놀랐다. 옛날 현미경으로는 대충의 모양만 흐릿하게 확인할 수 있었는데 지금 교과서에는 미생물의 모습이 선명하게 찍혀 있었다.

"여러분, 미생물 사진을 보니 어때요?"

태르는 사진에서 눈을 뗄 수 없었다.

"와, 아름답다."

자기도 모르게 태르의 입에서 감탄사가 튀어나왔다. 현미경으로 직접 관찰하고 싶은 욕구가 솟았다. 저마다 한마디씩 했지만, 태르처럼 아름답다고 생각하는 아이는 없었다.

"자, 오늘은 다양한 생물의 세계에 대해 알아볼 거예요. 준비됐나요?"

담임선생님은 아이들을 둘러보며 설명을 시작했다.

"우리는 앞서서 식물과 동물에 대해서 배웠습니다. 식물은 운동성이 없지만 광합성을 통해 영양분을 얻는 생물이잖아요? 나무와 풀처럼 말이에요. 반대로 동물은 운동을 할 수 있고 영양분을 다른 생물로부터 얻는 생물이고요. 그럼 여기서 질문 하나 할게요. 미역은 식물일까요? 동물일까요?"

태르가 손을 번쩍 들었다. 미역은 녹색이니 당연히 광합성을 하는 식물일 거라 생각했다.

"미역은 바다 속에 사는 식물이에요."

"흔히 그렇게 생각하지만, 정답이 아니에요."

"네? 선생님, 미역은 녹색이니까 광합성을 하고, 광합성을 하면 식물 아닌가요?"

"잘 생각해 보세요. 미역은 녹색으로 보이지만 사실 갈색을 띠는 갈조류랍니다."

이때 김고우가 손을 들었다. 태르에게 지기 싫은 얼굴을 하고 있었다.

"선생님 말씀의 의도가 뭔지 알 것 같아요. 미역은 식물계도 동물계도 아니에요. 버섯, 곰팡이와 같은 균계 아닌가요?"

"고우가 잘 알고 있구나."

김고우가 어깨를 으쓱하려는 순간 선생님이 교탁을 한번 땅 치며 외쳤다.

"하지만…… 땡!"

땡 소리에 아이들이 큭큭 웃었다.

"아, 땡 소리가 너무 컸나? 고우야, 미안. 과거에는 이 세상의 생물을 식물계와 동물계 두 가지로 나누었어요. 그러다 보니 버섯과 곰팡이 같은 생물들이 문제였답니다. 버섯은 식물처럼 움직이지 못하지만 동물처럼 다른 생물에서 영양분을 얻거든요. 그래서 이런 생물들을 묶어 균계로 분류했답니다. 자, 교과서에 실린 사진을 볼까요?"

교과서에는 빵에 핀 곰팡이가 실처럼 찍힌 사진과 잘게 갈라진 버섯 뒷면의 확대 사진이 실려 있었다.

"균계 생물은 몸이 균사로 되어 있고, 포자로 번식한답니다. 그리고 죽은 생물이나 나무에 붙어서 영양분을 빨아먹고 살죠."

선생님의 설명을 들으니 태르는 더욱 궁금해졌다.

"선생님! 동물계도, 식물계도, 균계도 아닌 미역은 그럼 어디에 속하는 거죠?"

태르의 질문에 고우의 눈도 반짝였다. 다른 아이들도 궁금했는지 선생님의 입에 집중했다. 태르처럼 미역이 바다 속 식물이 아니었다는 사실에 놀란 것 같았다.

"하하하, 식물계, 동물계, 균계로 나뉘었지만 어디에도 속하지 않는 생물이 있어요. 현미경 기술이 발달하면서 우리 눈

에 보이지 않던 미생물이 발견된 거죠. 교과서에 실린 사진처럼 말이에요."

교과서에는 짚신을 닮은 짚신벌레, 특정한 모양이 없는 아메바, 종처럼 생긴 종벌레, 녹색 벌레처럼 생긴 유글레나, 그리고 장구를 닮은 장구말의 사진이 있었다.

태르는 다시 사진에 빠져들고 말았다. 옛날 현미경으로는 이 정도로 정확하게 미생물의 형체를 알아볼 수 없었기 때문이었다. 감탄이 저절로 나왔다.

"여기 이 생물들은 하나의 세포로 된 단세포 생물입니다. 과학자들은 이들을 원생동물계라고 부르기로 했어요. 즉 미역도 이들처럼 원생동물계에 속하게 되었지요."

태르가 다시 손을 들었다.

"선생님, 그런데 미역은 식물처럼 줄기와 잎이 있잖아요."

"미역의 줄기는 엽병, 잎은 엽신이라고 합니다. 하지만 기존 식물의 잎과는 다른 기능을 해요. 미역 엽신의 세포 하나하나는 소포자낭을 분화해 번식할 수 있는 포자를 만들어요. 조금 어렵죠? 자기 세포를 분열해서 번식한다는 말이에요.

그래서 미역을 원생동물계로 구분한답니다. 자연스럽게 김과 파래도 미역처럼 원생동물계에 속해요."

선생님의 설명을 들으면 들을수록 태르는 자신이 알지 못했던 미생물의 세계가 더욱 신기하게 느껴졌다.

"그리고 점점 더 좋은 현미경이 개발되면서 이런 원생동물보다 더 작은 생물들을 발견했어요. 그게 바로 세균입니다. 세균은 원생동물과 달리 핵이 없답니다. 이런 생물을 원핵생물계로 분류해서 지금은 생물을 5분류계로 나누고 있답니다."

교과서의 다음 장을 넘기자 공 모양, 막대 모양, 나선 모양, 꼬리가 있는 세균의 그림이 나왔다. 태르에겐 너무나 신기하고 아름다운 미생물의 세계였다.

태르는 이런 작디작은 세균들이 사람의 몸에 질병을 일으키고 목숨까지 위협한다고 생각하니 몹시 안타까웠다. 얼른 현미경으로 직접 이 미생물들을 관찰해 보고 싶었다.

"선생님, 질문 있어요."

김고우였다.

"고우, 뭐가 또 궁금하니?"

"그럼 바이러스는 어디에 속하는 건가요?"

"바이러스는 생물이 아닙니다. 그러니 어디에도 속하지 않아요."

'엥?'

태르는 물론 다른 아이들의 눈이 하나같이 커졌다. 김고우가 질문을 이어나갔다.

"콜레라는 콜레라균, 결핵은 결핵균에 의해 일어나잖아요. 그럼 감기를 일으키는 감기 바이러스도 생물 아닌가요?"

"바이러스는 생물의 기본 형태인 살아 있는 세포로 되어 있지 않아요. 단백질 껍질 속에 유전자가 들어 있는 형태입니다. 평소에는 육포처럼 죽어 있다고 보면 돼요. 우리가 육포를 생물이라고 부르지는 않잖아요? 그런데 바이러스는 육포처럼 죽어 있는 상태에도 번식이 가능한 숙주세포 안에서 그 수를 늘리는 방식으로 번식해요. 반대로 말하면 숙주세포 없이는 바이러스는 번식할 수 없는 거죠. 그래서 바이러스는 생물도 비생물도 아닌 중간쯤 어딘가에 해당된다고 보는 게 정확해요."

선생님의 설명에 아이들은 어느 정도 이해가 되었는지 서로서로 자기 의견을 말하기 시작했다.

"생물도 아닌 놈이 감히 인간을 아프게 해?"

"바이러스가 세포에 의해 감염된다고? 그럼 바이러스는 도대체 얼마나 작은 거야?"

아이들은 각자 떠오르는 의문을 꺼내고 서로 답했다.

순식간에 교실 안이 어수선해지자 선생님이 손뼉을 크게 쳐서 아이들을 집중시켰다. 어느새 수업시간이 끝나가고 있었다.

"자자, 오늘 나눈 미생물 이야기 재미있었나요?"

"네!"

아이들이 큰 목소리로 대답했다.

"참, 그리고 오후에는 김고우 학생의 공약 중 하나인 과학대제전 행사가 있어요. 현미경으로 학교 연못물을 볼 수 있다고 하니 방금 교과서에서 본 원생동물을 한번 찾아보도록 해요. 교과서에서 배운 이론을 실험과 체험으로 확인하는 것만큼 과학을 잘하는 방법은 없어요."

　오후에는 본관 건물 옆에 천막이 세워졌다. 김고우가 준비한 과학대제전 실험 부스였다. 태르는 김고우의 공약 체험에 참여하는 게 살짝 찝찝했지만 현대의 현미경으로 원생동물을 관찰할 수 있는 기회를 도저히 지나칠 수 없었다.

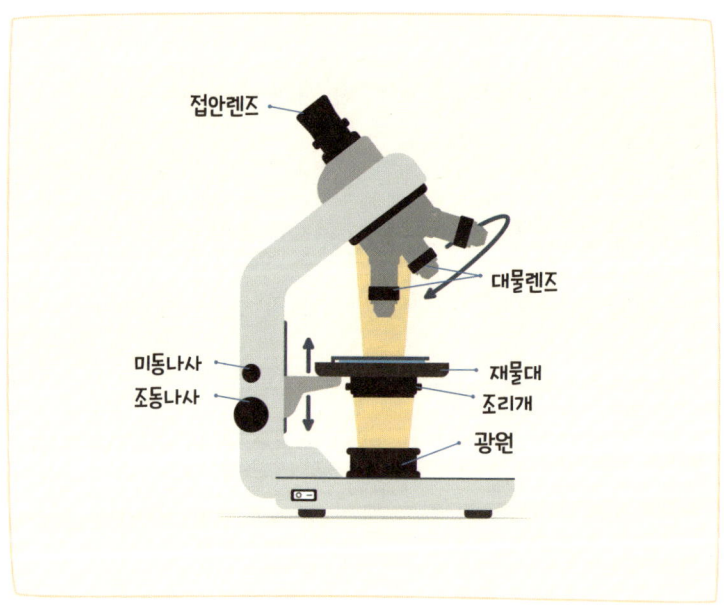

※ 현미경의 구조와 기능

- 재물대: 관찰할 물체를 올려놓는다.
- 조동나사: 물체의 상을 대강 찾는 나사
- 미동나사: 물체의 상을 정밀하게 찾는 나사
- 조리개: 재물대로 들어가는 빛의 세기를 조절
- 광원: 전구가 있어 관찰할 수 있도록 빛을 냄
- 빛조절: 전구의 빛 세기를 조절
- 접안렌즈: 사람의 눈으로 보는 렌즈
- 대물렌즈: 물체를 보는 렌즈로 다양한 배율이 있음
- 현미경의 배율: 접안렌즈 배율 × 대물렌즈 배율

※현미경 관찰 순서

1. 관찰하고자 하는 물체를 재물대 위에 올린다.
2. 광원을 켜고 조리개로 적당하게 빛을 조절한다.
3. 현미경은 낮은 배율부터 관찰한다.
4. 조동나사로 재물대와 접안렌즈를 가장 가까이 한다.
5. 눈으로 접안렌즈를 보며 조동나사를 돌려 대강의 상을 찾는다.
6. 대강의 상이 나오면 미동나사를 돌려 정밀한 상을 찾는다.

태르는 일부러 김고우와 멀리 떨어진 실험 부스로 갔다. 부스에 들어가자 다른 학년 과학 선생님이 현미경 사용법을 설명해 주었다.

다행히 옛날 현미경과 크게 다를 것이 없었다. 관찰할 프레파라트를 재물대에 올리고 조동나사와 미동나사로 초점을 맞추면 렌즈를 통해 상이 보인다.

"이제 혼자 현미경 사용할 수 있겠니?"

"네, 완벽히 이해했습니다."

과학 선생님은 태르의 당찬 대답을 듣고 연못물이 담긴 비커를 태르 앞에 밀어 두었다.

"좋아요. 그럼 관찰을 시작하세요."

태르는 스포이드로 연못물 한 방울을 얇은 받침 유리에 올렸다. 그리고 덮개 유리를 덮어 프레파라트를 완성해 현미경 재물대 위에 올렸다.

'와, 이런 엄청난 현미경을 아이들이 직접 사용할 수 있다니……'

원생동물은 매우 작아서 현미경으로도 관찰하기 쉽지 않았다. 하지만 파스퇴르가 누구인가? 과학 실험의 끝판왕 아니었던가?

태르는 본능적으로 현미경의 배율을 조절해 프레파라트를 관찰하기 시작했다.

아까 교과서에서 봤던 짚신벌레, 아메바가 보였다.

'옳거니! 저건 종을 닮은 종벌레였지? 저건 나팔을 닮았는데 혹시 이름이 나팔벌레인 걸까? 선생님께 물어보자.'

"선생님, 여기 나팔 모양 벌레의 이름은 뭔가요?"

"그건 나팔벌레란다."

"오, 역시! 선생님, 원생동물은 잘 보이는데, 원핵생물인 세균은 잘 보이지 않아요."

"그럴 수밖에. 세균은 특수 염색약으로 염색을 해야 우리 눈으로 볼 수 있단다."

"염색이요? 지금 해 볼 수 있나요?"

"태르는 다른 애들이랑 다르게 정말 진지하구나. 오늘은 준비되어 있지 않으니 나중에 기회가 되면 보여 줄게."

당장 세균을 볼 수 없는 게 아쉬웠지만 실망하고 있을 겨를

이 없었다. 태르는 직접 연못에서 물을 떠 와 더 많은 원생동물을 관찰했다. 정말 시간 가는 줄 몰랐다.

그때였다. 현미경 렌즈로 보이던 아메바에 눈코입이 생기기 시작했다. 태르가 헛것을 본 건 아닌지 자신의 두 눈을 비비고는 다시 접안렌즈를 들여다봤다.

분명 아메바의 생김새가 눈코입이 선명한 사람 얼굴처럼 변해 있었다.

게다가 입처럼 보이는 부분이 서서히 움직이면서 뭐라고 말했다.

"파스퇴르, 이럴 시간이 있나?"

'이게 무슨……'

아메바가 말을 하고 있는 것이다.

"지, 지금 나한테 한 말이야?"

태르의 물음에 아메바의 눈이 웃음 지었다.

"그래, 너! 파스퇴르 겸 박태르."

태르는 자신이 환생한 것도 겨우 믿게 되었는데 바로 눈앞의 아메바가 자기에게 말을 걸고 있는 이 상황이 도저히 믿기

지 않았다.

"너, 너 누구야?"

"후후후, 놀라기는. 카론이야, 카론."

"뱃사공 카론 님?"

"그래."

"휴, 깜짝 놀랐잖아요."

"학교생활이 아무리 재미있어도 그렇지, 의미 있는 일 남기고 온다더니 언제 할 거야?"

"이 시대의 현미경을 사용해 보니 시간 가는 줄 모르겠더라고요. 이게 다 의미 있는 일을 남기기 위해 꼭 필요한 일인걸요."

"오케이, 그렇다고 해 두지. 근데 혹시 주변에 수상한 사람 못 봤어? 뭔가 정체를 숨기고 있는 것 같은……."

"수상한 사람? 음, 김고우? 그 녀석의 정체만 유독 잘 모르겠던데……."

"김고우라……. 후후후."

아메바의 얼굴에 어딘가 비열해 보이는 웃음이 그려졌다.

뭔가 꿍꿍이가 있는 듯했다.

"내게서 가져간 초록빛 알약을 돌려주면 김고우의 진짜 정체를 알려 주겠네."

태르는 카론의 제안이 왠지 석연치 않았다. 무언가 꿍꿍이가 있는 것 같았다.

잠시 고민하던 태르의 머릿속에 뭔가가 떠올랐다.

카론은 자신의 연봉과 맞먹는 초록빛 알약을 되찾기 위해서 뭔가를 꾸며 놓았던 것이다.

"이런, 신도 비열한 면이 있군요. 일부러 절 공격할 만한 누군가를 김고우로 환생시킨 건가요?"

"후훗, 일부러는 아니야. 어떡할 거야? 그럼 혼자서 알아내던가?"

태르는 안 그래도 공약 때문에 머리가 아픈데 김고우까지 사사건건 시비를 걸어오는 걸 견딜 수가 없었다. 김고우의 정체를 알아야 전교과학탐구회장 선거도, 미생물 박멸 연구를 하는 데도 한결 편할 것 같았다.

"으……. 할 수 없지."

태르가 마지못해 주머니에서 초록빛 알약 하나를 꺼냈다. 그러자 태르의 손바닥 위에 있던 알약이 순식간에 스르륵 사라졌다.

그와 동시에 아메바의 입이 빠르게 움직이기 시작했다.

"김고우의 전생은 독일의 세균학자 로베르트 코흐야. 1843년에 태어나 1910년에 죽었어. 1905년에 노벨생리의학상을 받은 위대한 과학자라고."

"노벨상?"

"그래, 매년 가장 위대한 과학자에게 수여되는 상이지. 안타깝게도 1901년부터 시작해 자네는 못 받았지만 말이야."

"그것 참 아쉽군요. 근데 로베르트 코흐가 21세기에는 왜 온 거죠?"

"로베르트 코흐는 자네가 잠시 환생한 걸 알고 자기도 보내달라며 떼를 썼다네."

"이승을 떠난 영혼의 부탁을 그렇게 쉽게 들어줘도 되는 겁니까?"

"그 사람도 세균학자야. 자네가 여기로 온 뒤 얼마 지나지 않아 스틱스 강에 이상한 질병이 돌았는데 그때 치료법을 알려 주는 바람에 그 대가로 보내 준 거라네."

"그런 일이 있었어요? 그런데 왜 이렇게 나만 보면 으르렁대는 거죠?"

"그건 나도 모르지. 난 해 달라는 대로 해 준 거라고. 아무튼 로베르트 코흐, 아니 김고우에 대해선 자네가 더 알아내 봐."

"아니, 귀한 알약을 도로 가져가 놓고! 어서 말해 줘요!"

"어허, 지금 그러고 있을 때가 아닐 텐데. 뒤를 보라고."

태르가 접안렌즈에서 눈을 떼고 뒤를 보았다. 윤진서가 마스크를 낀 채 서 있었다. 진서의 눈동자가 흔들렸다. 태르에게 적잖이 실망한 눈빛이었다.

"지, 진서야."

"이게 그렇게 재밌어?"

"미, 미안. 원생동물을 직접 볼 수 있다고 해서……."

"너 생각이 있는 거니? 상대 후보의 공약이 그렇게 재미있다니. 우리가 과학탐구회장 선거에서 이길 일은 없겠네!"

진서가 태르를 몰아세우고는 휙 돌아섰다. 태르는 뭔가 잘

못되었다는 걸 직감하고는, 뒤도 돌아보지 않고 떠난 진서를 서둘러 따라갔다.

교실에 도착해 자리에 앉았지만, 아무 대꾸도 않는 진서의 눈치를 보느라 태르는 가시방석에 앉아 있는 기분이 들었다.

조금 전 태르에게 내지르던 진서의 목소리를 듣고 따라왔는지 김고우가 교실에 나타났다.

"박테리아! 윤진서! 내분이라도 났냐? 우리가 준비한 과학대제전이 싸울 정도로 재미있나 봐? 크크크."

김고우의 조롱에 진서가 허리에 손을 올리고 날카로운 목소리로 대꾸했다.

"흥, 너야말로 눈 가리고 아웅이지!"

"무슨 소리야?"

"미생물이 우리한테 얼마나 위험한데. 세균은 질병을 일으켜. 원생동물이니까 세균이랑 다르다고? 미국에서는 뇌를 파먹는 아메바가 나타나 사람이 죽은 건 알고 있어?"

"크크크. 난 또 뭐라고. 미생물이 그렇게 위험하면 선생님이 이런 체험을 허락했겠냐?"

"그게 무슨 상관이야. 난 세균이 무섭다고. 나 같은 애들한테 이런 행사는 정말 최악이야."

"야야, 주위를 둘러봐. 너처럼 마스크랑 장갑까지 낀 애가 또 있는지. 너야말로 과민 반응 하는 거라고."

김고우가 쏘아붙인 말에 진서는 할 말이 없는지 입을 다물었다. 대신 눈 주위가 벌겋게 변하면서 금방이라도 눈물을 떨굴 것 같았다.

진서가 태르 쪽으로 돌아보며 말했다.

"박태르. 제발 그럴듯한 공약 하나 생각해 줘."

그러고는 총총 걸음으로 운동장을 가로질러 떠났다. 잠시 진서의 뒷모습을 바라보던 태르가 김고우에게 말했다.

"김고우! 도대체 우리한테 왜 그러는 거야?"

"우리? 난 윤진서한테는 별 감정 없어. 바로 너, 박테리아 때문이라고."

'김고우, 아니 로베르트 코흐는 파스퇴르에게 어떤 불만이 있었던 거지?'

결국 태르는 김고우의 얼굴을 똑바로 바라보며 말했다.

"로베르트 코흐, 난 생전에 당신에게 원한을 산 적이 없는 것 같은데?"

갑작스러운 태르의 말에 김고우가 흠칫 놀라더니 가소롭다는 듯 웃었다.

"후후후. 이제야 날 알아보는군, 루이 파스퇴르. 결국 카론이 알려 준 건가?"

"그래. 생전에 무슨 일이 있었는지, 내게 이렇게까지 하는 이유가 뭔지 어서 말해."

김고우가 태르를 얕보는 듯한 웃음을 지었다.

"좋아. 난 세계 최초로 탄저균, 결핵균, 콜레라균을 발견했어. 당시 인류는 전염병의 위험에 속수무책이었지. 결핵에 걸려 죽는 사람 수가 어마어마했는데, 그 덕분에 치료법을 개발할 수 있었네. 그 공로를 인정받아 난 노벨생리의학상도 받았고."

"그런데? 그렇게 위대한 과학자가 내게 무슨 원한이 있는 거야?"

"한데 미생물학의 아버지라는 칭송이 왜 너한테 돌아간 거

지? 유럽에선 알지도 못했던 나라 대한민국엔 네 이름을 딴 우유까지 있지 않은가. 생물 교과서는 또 어떻고? 생물속생설을 최초로 증명한 네 이름 파스퇴르만 적혀 있는데 내가 안 억울하게 생겼어?"

태르는 잔뜩 흥분한 김고우와 달리 담담하게 웃어 보이며 대답했다.

"난 또 뭐라고. 내가 내 이름을 갖다 쓰라고 말한 적은 한 번도 없어. 이 나라 우유나 교과서에 말이야! 내가 죽은 다음 세대 사람들이 알아서 평가한 거라고."

"잔말 필요 없어, 박테리아! 누가 그랬던 난 너보다 뛰어난 세균학자라고! 그래서 난 너한테 세상 무엇도 질 수 없어. 이번 전교과학탐구회장 선거에서 반드시 널 이길 거야. 파스퇴르 이름을 넘어서는 것, 그게 바로 내가 널 따라 21세기 대한민국으로 돌아온 이유라고!"

로베르트 코흐, 아니 김고우의 눈이 화르르 불에 타들어 가는 듯 보였다.

'이게 뭐람? 그냥 저승에 갔으면 좋았으련만……. 카론 때

문에 고생길이 열린 것 같네.'

　당장 해야 할 일이 산더미인데 여기서 김고우까지 상대해야 한다고 생각하니 태르는 머리가 어질어질했다.

백신의 꿈

 어제 일 때문에 잠을 설쳐서인지 날이 밝았지만 태르의 몸은 천근만근 무거웠다. 아니나 다를까 마치 불덩이가 몸속에 들어온 것처럼 온몸이 뜨거웠고, 목구멍이 따끔거려 침을 삼키기조차 힘들었다.

 아직 일어나지 않는 태르가 이상했는지 어머니가 방으로 들어와 태르의 이마에 손을 올렸다.

 "어머, 열이 나네."

 "엄마, 목이 아파요. 침 삼키는 게 힘들어요."

"편도도 부었나 보네. 오늘 학교는 쉬어야겠다. 근데 어쩌지? 병원에 가서 진료 받고 약 받아 와야 하는데 아빠랑 엄마는 오늘 회사에 중요한 일이 있거든……."

"할 수 없죠. 혼자서라도 다녀올래요."

"아니야, 잠깐만."

어머니가 거실로 나가 어딘가에 전화를 걸었다.

"할머니께서 대신 가 주신대. 도착하시려면 한 시간 정도 걸리신다니까 좀 쉬었다가 옷만 먼저 갈아입고 기다려."

"네, 걱정 말고 다녀오세요."

그렇게 부모님이 집을 나서고 한 시간도 안 돼서 할머니가 집에 왔다.

"아이고, 우리 태르 어디가 아프니? 그러니까 밥을 제때 잘 먹어야 안 아프지."

할머니는 태르의 얼굴을 안쓰럽게 쓰다듬는 것으로 인사를 대신했다.

이미 나갈 준비를 마친 태르는 할머니와 가까운 동네병원으로 향했다. 아침부터 병원에는 진료를 기다리는 환자들이

앉아 있었다. 깨끗하고 안락한 분위기의 병원이 태르의 마음을 안심시켰다.

과거 인간을 죽음으로 내몰았던 질병과 맞서며 노력했던 시절이 떠올랐다.

당시 파스퇴르는 질병이 미생물에 의해 일어난다는 것을 깨닫고, 미생물의 번식을 막기 위해서는 무엇보다 위생과 청결이 중요하다는 사실을 일찍이 강조해 왔다.

"박태르 님? 박태르 님?"

간호사가 태르의 이름을 불렀다. 한눈에 봐도 청결해 보이는 복장에 마스크를 낀 간호사는 먼지라곤 발견할 수 없는 접수대 앞에 앉아서 태르를 찾고 있었다.

위생을 가장 잘 실천해야 하는 병원의 모습에 태르는 내심 만족했고, 한편으로 다행스러웠다.

"네."

"열 먼저 재 볼게요."

간호사가 다가와 태르의 귓구멍에 작은 기계를 갖다 댔다.

"37.9도네요."

아마 체온을 재는 체온계인 것 같았다. 간호사는 자기 앞에 놓인 화면을 들여다보면서 할머니에게 말했다.

"할머니, 손자분 일본 뇌염 예방접종 할 때가 되었네요. 오늘 진료 받으시고 나으시면 백신 맞으러 한 번 더 오셔야 해요."

그때 태르의 귀에 꽂힌 단어 하나가 있었다.

'백신……?'

1877년 파스퇴르의 나이는 55세였다. 이미 10년 전에 뇌일혈로 쓰러져 몸 왼쪽이 마비된 상태였다. 하지만 장애는 인류를 구하겠다는 그의 의지를 꺾을 수 없었다.

당시에는 미생물이 질병의 원인이라는 사실이 밝혀지기 전이었다. 사람들은 썩은 물의 독소, 오염된 공기, 심지어 악령 때문에 질병에 걸려 죽는다고 믿고 있었다.

이 시기에 독일의 젊은 과학자 로베르트 코흐는 탄저균을 발견했다. 의사들과 과학자들은 세균이 질병을 유발할 거라고 추측했지만, 실험을 통해 증명하지 못하면 의미가 없었다.

그때 코흐는 탄저병에 걸린 토끼의 세포 조직에서 특정한 세균을 발견한 것이다. 이 토끼의 세포 조직을 건강한 토끼에게 주입했더니 탄저병이 발병했다. 다시 이 토끼의 세포 조직을 추출해 다른 건강한 토끼에 주사하는 실험을 여덟 번이나 반복함으로써 특정 세균에 의해 탄저병이 발생한다는 사실을 증명한 것이다.

그럼에도 당시 사람들은 인간이 아닌 토끼이기 때문이라며 코흐의 실험 결과를 받아들이지 않았다.

파스퇴르는 그동안 실험한 것처럼 이 추론을 증명하기 위해 노력했다. 탄저균이 들어 있는 혈액 한 방울을 멸균된 소변 50세제곱센티미터에 첨가한 뒤 배양해 본 것이다. 그리고 다시 또 한 방울을 또 다른 소변 50세제곱센티미터에 넣어 배양했다.

한 치의 오차도 허용하지 않았던 파스퇴르의 반복 실험이 수십 번을 넘어서자 그의 조수는 무의미해 보이는 실험을 두고 한마디했다.

"파스퇴르 선생님, 이쯤 해도 충분합니다."

"아니, 그런 소리 말게나. 누구도 반박할 수 없게 반복 실험

을 해서 평균치의 정확도를 높여야 하네."

　노력과 끈기라면 누구도 이길 수 없었던 파스퇴르는 이 반복 실험을 무려 100회나 진행했다. 결과적으로 원래 혈액의

$100^{100승}$(100을 100번 곱한 매우 큰 수)의 1로 희석된 것이다. 이쯤 되면 원래 혈액의 형태는 사라진 것과 마찬가지였다.

그러나 100번째 소변에서는 여전히 탄저균이 배양되었고, 이 소변을 건강한 토끼에게 주입하니 탄저병이 발병했다. 결국 탄저균에 의해 탄저병이 걸린다는 사실을 실험으로 증명해 낸 것이다.

이러한 파스퇴르와 코흐의 노력으로 미생물에 의해 질병과 감염이 발생한다는 사실이 널리 퍼지면서 병원에서는 위생에 더더욱 신경을 쓰기 시작했다.

'세균에 감염되지 않으면 질병에 걸리지 않는다.'

이 사실을 바탕으로 탄생한 공중위생학은 이후 인류가 생존하는 데 더없이 큰 영향을 끼치게 되었다.

다만 치료제를 개발하지 못한 상황에서 질병에 걸리면 모두 허사였다. 당시 사람들은 결핵뿐만 아니라 콜레라에 걸려 죽어 나갔다. 결국 위생에 신경 쓴 예방이야말로 전염병으로 목숨을 구할 수 있는 유일한 해결책이었다.

파스퇴르는 자신의 말년을 바쳐 질병 치료에 모든 것을 걸기로 했다.

그 시절 두창이라 불린 천연두는 결핵과 콜레라에 견줄 만큼 무시무시한 전염병이었다. 실제로 18세기 유럽에서는 매년 40만 명이 천연두에 걸려 목숨을 잃었다. 특히 어린이에게는 훨씬 치명적인 질병이었다.

천연두는 1796년에 의사 에드워드 제너가 젖소를 통해 우두병에 감염된 여성이 다시 천연두에 걸린 것을 보고 종두법을 개발하면서 예방 길이 열렸다.

젖소의 젖을 짜다가 천연두에 걸린 여성의 증세가 다른 환자들보다 약하게 나타나자 제너는 의문이 들었다.

"당신은 천연두에 걸린 것이 확실한데 약하게 지나가는 것 같아 다행입니다."

"저는 우두병을 이미 앓았어요. 우리 마을 사람 중에 우두병을 앓았던 사람들은 천연두에 걸리지 않거나 저처럼 약하게 앓고 있죠."

제너는 그 여성의 말을 그냥 넘기지 않았다. 우두병에 걸린 소의 피부 껍질 반점에서 추출한 물질을 사람에게 접종해 본 것이다. 그 결과 정말로 접종한 사람들은 천연두에 대한 면역력이 강화되어 있었다.

이후 소를 뜻하는 라틴어 'vacca'로부터 'vaccination(예방접종)'이란 말이 생겨났다. 이러한 제너의 종두법 개발은 파스퇴르가 면역학의 기초를 다지게 된 계기가 되었다.

1879년 봄, 파스퇴르는 닭콜레라에 대한 실험을 시작했다. 오랫동안 보존한 닭콜레라 병원균을 닭에게 접종했지만 닭들은 닭콜레라에 걸리지 않았다.

할 수 없이 다시 자연 상태에서 닭콜레라에 걸려 죽은 닭으로 닭콜레라 병원균을 다시 배양해 닭들에게 접종했다. 그러나 이번에도 닭콜레라에 걸려야 할 닭들이 멀쩡했다.

"도대체 어떻게 된 거야? 이 닭들은 왜 닭콜레라에 걸리지 않는 거야? 병원균이 잘못된 걸까?"

파스퇴르는 한 번도 접종한 적 없는 새 닭들에게 새로 배양한 닭콜레라 병원균을 접종했다. 이번에는 모두 닭콜레라에 걸려 죽었다.

그러자 파스퇴르의 머릿속에 번개 치듯 제너의 종두법이

떠올랐다. 약화된 병원균을 한 번 접종한 닭이라면 면역력이 생겨 닭콜레라에 걸리지 않는 것이었다.

"종두법이 천연두를 예방했듯 다른 질병도 예방법이 있지 않을까? 내가 실험으로 찾아내겠어."

파스퇴르는 즉시 실험을 시작했다. 닭을 두 그룹으로 나누고, 한 그룹은 약화된 닭콜레라 병원균을 미리 접종했다. 그리고 정상적으로 배양된 닭콜레라 병원균을 두 그룹 모두에게 접종했다.

그 결과 닭콜레라 병원균을 미리 접종한 그룹의 닭들은 병에 걸리지 않은 반면, 다른 그룹의 닭들은 닭콜레라에 걸리고 말았다.

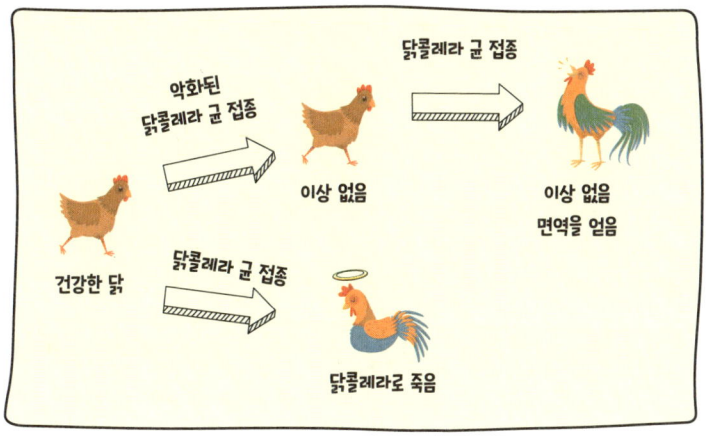

파스퇴르의 실험으로 질병이 예방될 수 있다는 것이 밝혀진 것이다. 즉 최초로 '면역'이 증명된 순간이었다. 약화된 병원균을 접종하면 우리 몸은 그 병원균에 대한 면역을 만들어 내는 것이다.

파스퇴르는 탄저병에 대한 면역 실험도 준비했다. 탄저병은 가축이 잘 걸리는 질병 중 하나로 농업 사회였던 시대에 큰 경제적 타격을 주었다.

1881년 마침내 탄저병 예방을 위한 파스퇴르의 실험이 시작됐다. 이전의 실험 성공에도 불구하고 사람들의 반응은 회의적이었지만, 파스퇴르는 자신 있었다.

먼저 소, 염소, 양에 대해 탄저균 예방접종을 했다. 예방접종을 한 가축들이 멀쩡히 살아 움직이자, 실험 참관자들은 그제야 파스퇴르에게 존경을 표했다.

파스퇴르는 자신의 이익만을 따지는 사람이 아니었다. 누구보다 조국을 사랑하고, 인류의 복지에 이바지하고자 했던 어린 시절 모습 그대로였다. 그는 프랑스 전역, 그리고 타국을 넘나들며 탄저병 예방접종 실험을 선보이며 직접 보지 않으면 도통 믿지 않는 사람들을 납득시켰다.

이후 파스퇴르는 인류를 위협하는 또 다른 질병으로 관심을 돌렸다. 바로 광견병이었다.

광견병은 동물과 사람을 가리지 않고 전염됐다. 특히 개가 광견병에 걸리면 날뛰기 시작하고 마구잡이로 사람을 무는 사건이 빈번하게 발생했다. 심지어 광견병에 걸린 개에게 물린 사람이 광견병 증세를 보이더니 곧이어 죽음에 이르자 사람들은 공포에 질렸다.

당시에는 세균과 바이러스를 구분하지 않고 있던 시기여서 바이러스를 배양하기란 매우 어려웠다. 병원균을 배양하지 않으면 예방접종도 쉽지 않았다.

"이 여과성 병원체를 어떻게 배양하면 좋을까?"

바이러스는 세균보다 크기가 작았다. 그래서 세균은 여과기에 여과되지만, 그것보다 작은 바이러스는 여과기를 그냥 통과하기 일쑤였다.

무엇보다 바이러스는 생물의 몸 안에서만 번식하므로 세균처럼 실험실에서 직접 배양할 수 없었다.

파스퇴르는 살아 있는 생명체에서 배양법을 찾아야 했지만 당시에 살아 있는 개나 토끼를 이용해야 한다는 것이 마음이 걸렸다. 결국 그러한 과정은 조수에게 맡길 수밖에 없었다.

"파스퇴르 선생님, 마무리되었습니다."

"쯧쯧, 가여운 것. 병원체 추출할 때 분명 고통스러웠을 거야……."

"선생님, 이건 인류를 위협하는 병을 물리치기 위해 꼭 필요한 실험입니다. 개한테 미안하지만 어쩔 수 없다고요."

"그건 나도 알고 있네. 과거의 연구 업적도 수많은 생명체의 희생으로 이루어졌으니……. 지금은 사람을 살리기 위해 어쩔 수 없이 동물을 이용하고 있지만, 반드시 대체할 수 있는 방법을 찾아야 하네."

파스퇴르에게 있어서 인류의 평화는 인간에게만 해당하는 것이 아니었다. 인간뿐 아니라 자연의 생물도 질병과 감염으로부터 벗어나 각자의 생명을 유지할 수 있길 바랐다.

한편 바이러스가 몸에 들어와 증상이 나타나기까지 걸린 시간을 잠복기라고 부르는데, 배양한 광견병 바이러스의 잠복기는 한 달이 넘었다. 그러다 보니 광견병에 걸린 개에게 물렸다 하더라도 잠복기 동안 예방접종을 하면 면역을 완성할 수 있었다.

이후 1886년까지 광견병 백신을 접종하기 위해 파스퇴르를 찾아온 사람은 2490명이 넘었다. 파스퇴르가 인류를 위협하던 광견병을 물리치는 순간이었다.

이처럼 파스퇴르는 인류의 질병 퇴치를 위해 끊임없이 도전했다. 또한 그 연구 업적과 기술로 경제적 이득을 취하기보다 대중에게 대가 없이 배포함으로써 자신의 신념을 올곧이 지켰다.

"박태르 님, 진료실로 들어오세요."

태르는 간호사가 부르는 소리에 옛 기억에서 빠져 나왔다. 진료실에 들어가서 의자에 앉자 간호사가 의사에게 전하듯 말했다.

"체온이 37.9도예요."

의사가 컴퓨터 모니터 앞에서 무언가를 입력하며 말했다.

"태르, 열이 좀 있네? 숨소리 좀 들어볼까?"

그러더니 태르 가슴에 청진기를 갖다 대고 가만히 숨소리를 들었다.

"폐는 괜찮은 것 같은데. 아~ 해 볼래?"

시키는 대로 태르가 입을 크게 벌리자 의사는 작은 손전등으로 태르의 입 속을 살펴보았다.

"이런, 편도선이 많이 부었네. 이러니 열이 날 수밖에. 항생제 처방해 줄 테니 잘 챙겨 먹어."

'항생제라니……. 그럼 내가 세균에 감염된 건가?'

과거에는 세균에 감염되기만 해도 목숨을 잃는 사람이 많았다. 감염된 세균을 물리칠 만한 처방이 없던 시절, 환자가 스스로 이겨 내지 않으면 안 됐다.

'근데 이 의사 왜 이렇게 태평하지? 무시무시한 세균에 감염되었다는데 걱정되지도 않나?'

"선생님, 그럼 제가 세균에 감염된 건가요? 이제 저는 어떡하죠?"

"그래서 항생제를 처방해 준다고 했잖니. 그거 먹으면 되지."

"항생제가 세균을 죽일 수 있나요?"

"그럼. 네 몸에 들어간 세균이 퍼지는 걸 항생제가 막아 주는걸."

'약 한 알을 먹는 것만으로 몸속을 어지럽히는 세균을 죽일 수 있다니……. 정말 놀라워!'

"우와~. 약을 먹는 것만으로 몸속에 퍼진 세균을 찾아서 죽일 수 있다니! 옛날엔 어림도 없었는데."

"그게 무슨 소리니? 옛날이라니?"

"아, 아니에요. 그럼 저도 항생제를 먹으면 괜찮아질까요?"

"너 정도 감염증은 약 먹고 하루 이틀 푹 쉬면 괜찮아질 거다."

"그럼 지금은 콜레라, 아니 결핵도 완치할 수 있나요?"

과거 콜레라와 결핵만큼 골치 아픈 질병도 없었다. 콜레라는 급성 설사병 증상을 보이는데 전염성이 매우 강했다. 반면 결핵은 서서히 감염되어 증상이 나타나는데 결국 피를 토하면서 죽음에 이르는 질병이었다.

"하하하, 궁금한 게 참 많구나. 옛날엔 콜레라나 결핵으로 죽는 사람이 많았는데 요즘엔 걸리는 사람이 많지 않고, 걸렸다 해도 항생제로 완전히 나을 수 있단다."

"와, 항생제는 정말 대단한 약이네요. 그 항생제는 누가 만들었어요?"

의사는 꼬리에 꼬리를 물고 질문하는 파스퇴르가 기특한지 머리를 한번 쓰다듬고는 대답했다.

"하하하, 밖에 기다리는 분들이 계시니까 이것만 알려 줄게. 항생제는 푸른곰팡이에서 얻는단다. 나머진 직접 찾아보렴."

"고, 곰팡이요? 곰팡이는 더러운 곳에서만 피는데……?"

태르는 할머니와 병원에서 나오자마자 스마트폰으로 항생제를 검색해 보았다.

알렉산더 플레밍이란 사람이 세균을 배양하던 중 푸른곰팡이가 핀 곳에만 세균이 자라지 않는 것을 발견했다고 한다. 그렇다는 건 곰팡이가 만들어 낸 어떤 물질이 세균을 죽일 수 있다는 말이었다.

곰팡이는 더러운 곳에서 필 뿐만 아니라 인간의 몸에 질병을 일으킨다고 알았는데, 그걸로 인류를 구한 항생제를 만들었다는 사실에 태르는 충격을 받았다.

태르가 정신을 차리고 옆에서 태르를 지켜보던 할머니에게 물었다.

"할머니, 인류를 구한 항생제를 더러운 곰팡이에서 발견했다는 걸 알고 계셨어요?"

"곰팡이? 할미는 모르지. 그래도 곰팡이 중에도 좋은 곰팡이가 있단다. 메주를 만들 때, 곰팡이가 잘 피지 않으면 좋은 메주를 만들 수 없거든."

메주는 된장, 고추장, 간장을 만들 때 꼭 필요한 재료다. 저번에 된장찌개를 처음 먹었을 때 그 특유의 맛에 반해 어머니한테 물어본 적이 있었다.

그럼 좋은 곰팡이와 나쁜 곰팡이가 있다는 말은, 좋은 세균과 나쁜 세균도 있을 수 있다는 말이었다. 태르는 몇 걸음 걷다 말고 할머니에게 다시 물었다.

"할머니! 그럼 좋은 세균도 있어요?"

"유산균이 있잖니? 매일 먹는 요구르트나 김치를 발효시키는 균 말이야."

할머니의 대답에 태르의 머릿속이 잠시 멍해졌다.

'인간에게 이로운 세균이 있었다니……. 바로 이거다!'

멍했던 태르의 머릿속에 좋은 생각이 떠올랐다.

세균과 곰팡이에 대해 잘못 알고 있는 사실을 밝혀 사람들의 오해를 푸는 것이다. 직접 메주를 만들어 보고, 요구르트를 발효시켜 봄으로써 우리에게 유익한 미생물을 찾아보는 것이다.

"히히히, 그럼 진서도 더 이상 세균을 무서워하지 않겠지?"

미생물이 없으면 지구도 없어

 태르는 집에 도착하자마자 컴퓨터를 켰다. 인간에게 유익한 미생물에 어떤 것이 있는지 더 찾아보고 싶어서였다.
 파스퇴르가 살았던 1800년대에는 결핵과 폐렴으로 사망한 사람 수가 전체 사망자 수 중 절반을 넘었다.
 당시 파스퇴르는 당연히 미생물을 인간에게 해를 입히는 병균으로만 여겼다.
 "자, 한번 봐 볼까?"
 태르는 포털사이트 검색창에 '유익균'이라고 검색어를 넣었다. 곧 유익균이라는 글씨가 진하게 표시된 게시물들이 나왔다.

그중에 우리가 즐겨 먹는 것들이 눈에 띄었다. 할머니가 말한 메주는 원래 고초균이라는 세균에 의해 발효가 되는 것이고, 막걸리나 포도주는 효모에 의한 알코올 발효로 만들어진다. 요구르트와 치즈는 유산균이 발효되면서 만들어진 것이었다.

먹을 것 외에도 미생물은 다양한 산업에 유익하게 사용되고 있었다. 천연가스로 불리는 메탄은 메탄생성세균에 의해 만들어진다. 심지어 콩으로는 디젤 엔진 연료를 만들 수 있는데 이걸 '바이오디젤 연료'라고 불렀다.

"와, 미생물이 이 정도로 가치 있게 쓰이고 있을 줄이야."

그때 태르의 머릿속에 진서가 부탁한 공약이 생각났다. 이 내용으로 공약을 만들려면 세균을 두려워하는 진서를 먼저 설득해야 한다.

"어떻게 하면 진서의 두려움을 없앨 수 있을까?"

골똘히 고민하던 태르의 눈에 방금 전 집 앞에서 할머니가 사 준 빵이 보였다.

"그래, 바로 이거야!"

※

다음 날 진서가 먼저 태르에게 다가왔다. 마스크를 끼고 있었지만, 눈만 봐도 표정이 썩 좋지 않은 걸 알 수 있었다.

"박태르, 아픈 건 다 나았어?"

"히히, 항생제 먹고 하루 만에 싹 나았어."

"그래? 다행이네. 근데 생각해 봤어? 공약 말이야."

"그럼, 멋진 걸 생각해 뒀지."

새 공약을 생각해 뒀다는 태르의 말에 차갑게 느껴졌던 진서의 목소리가 살짝 풀어진 것 같았다.

"진짜? 뭔데? 어서 말해 봐."

"일단 여기 앉아 봐."

태르는 진서가 맞은편 의자에 앉자 가방에서 빵 봉투 하나를 꺼냈다. 어제저녁에 혼자 먼 곳까지 가서 사 온 빵이었다.

"진서야, 아침 먹었어? 이 빵 좀 먹어 볼래?"

"지금 빵이 중요하니? 안 그래도 요즘 미세먼지가 심해져서 내가 제안한 둘레길 공약도 연기됐단 말이야."

태르는 진서의 대답에 아랑곳하지 않고 빵 봉투를 열었다. 빵은 하나씩 포장되어 있었지만 곧 고소하고 달콤한 빵 냄새가 퍼졌다.

"걱정 말라니까. 일단 이것 좀 먹어 봐."

태르가 빵 하나를 진서 얼굴 앞으로 내밀자, 진서의 동공이 흔들렸다. 못 참겠는지 진서가 빵을 받아들고는 마스크를 살짝 내려 입 안에 넣었다.

"음, 맛은 있네. 풍미가 깊고 거기다 엄청 쫄깃하네."

"그렇지? 이건 천연발효종으로 발효시킨 빵이거든."

"천연발효종?"

"응, 그건 조금 있다가 설명하고, 자 이것도 먹어 봐. 리코타치즈야."

태르가 가방 안에서 밀폐용기를 꺼냈다. 리코타치즈 한 스푼을 떠 빵 위에 올린 다음 진서 앞에 내밀었다. 진서는 이번에도 마스크를 내리고 빵을 입 안에 넣었다.

"음, 엄청 향긋해. 리코타치즈랑 빵의 깊은 맛이 잘 어우러지는걸?"

"그 치즈 내가 직접 만든 거야."

"진짜? 말도 안 돼……. 이렇게 맛있는 리코타치즈를 네가 만들었다고?"

"그래서 말인데, 충분히 발효되지 않은 생치즈이긴 하지만 이 리코타치즈는 한 번쯤 만들어 볼만 하지 않니?"

"그럼 네가 생각한 공약이 이거야? 치즈 만들기?"

"맞아. 물론 치즈만 만드는 게 목적은 아니야."

태르는 잠시 고민하더니 결심한 듯 진서를 바라보며 또박또박 말했다.

"자연에서 대단히 작은 것의 역할은 무한히 크다."

"작은 것이 크다니? 뭔 소리야?"

"아까 네가 먹은 빵은 천연발효종으로 발효시킨 빵이라고 했잖아. 발효종이라는 건 바로 효모야. 즉 미생물이지. 우리가 과학 시간에 배운 균계에 속하는 생물이라고."

태르의 말에 진서가 빵을 내려다보더니 미묘한 표정을 지었다.

"이 맛있는 빵이 미생물로 만들어진 거라고?"

"빵뿐만이 아니야. 치즈와 요구르트를 만드는 유산균은 사람의 장을 튼튼하게 만드는 데 도움을 주는 유익균이야. 된장, 고추장, 간장을 만들 때 필요한 메주는 또 어떻고? 메주는 고초균이라는 유익균에 의해 발효 돼."

"그러니까 네가 말한 '자연에서 대단히 작은 것'은 미생물이구나?"

"맞아. 우리가 생각하는 것보다 미생물이 지닌 가치는 어마어마해."

"그렇긴 한데 사람이 질병에 걸리는 것도 미생물 때문이잖아."

"그건 미생물 중 아주 일부가 그런 거야. 그리고 있잖아, 네가 예전에 걸렸던 폐렴은 폐렴쌍구균에 의해 감염되지만, 그걸 치료한 항생제도 사실 푸른곰팡이를 이용해 만들어졌어."

진서는 태르의 설명을 가만히 듣더니 곧 고개를 끄덕였다.

그러고는 빵 조각을 떼어 다시 입 안에 넣으며 말했다.

"음……. 그러니까 미생물의 진정한 가치를 아이들에게 알리겠다는 거지? 그럼 할 만한데?"

"좋아. 그럼 내가 더 구체적인 계획을 알려 줄게."

그때 김고우가 귀신같이 나타나서 혀를 차며 말했다.

"쯧쯧, 박테리아. 겨우 생각한 게 그거냐? 잠깐 들어보니 미생물의 가치 어쩌고저쩌고 하는데 미생물은 유익한 것보다 사람 목숨을 위협할 정도로 무서운 게 더 많다고. 그래서 옛날부터 많은 과학자들이 미생물 퇴치를 위해 노력한 거야. 너처럼 치즈나 만들려고 연구한 게 아니라고."

미생물을 오해하는 사람이 더 있었다. 태르는 진서뿐만 아니라 김고우가 가진 오해도 풀어야 했다.

태르가 어디서부터 어떻게 말해야 할까 고민하고 있는데, 웬일로 진서가 나섰다.

"김고우, 네 공약도 연못 생물 관찰이었잖아!"

"그래서 다들 현미경 사용법을 익힐 수 있었잖아. 무엇보다 수업시간에 배운 원생동물을 직접 볼 수 있는 기회였으니 얼마나 좋냐? 그리고 윤진서 너도 뇌 파먹는 아메바 어쩌고저쩌고 하면서 무서워했잖아!"

화를 참지 못하겠는지 진서가 벌떡 일어나 김고우를 뚫어지게 쳐다보며 말했다.

"무서운 건 무서운 거고. 네가 퇴치하겠다고 한 원생동물이 없다면 연못 안의 생태계는 엉망진창이 되어 버릴걸?"

"그게 무슨 소리야?"

김고우가 뜬금없다는 듯 되물었다.

"바다를 생각해 봐. 바다 속 최상위 포식자인 상어는 뭘 먹고 살까?"

"자기보다 작은 물고기겠지."

"그럼 그 작은 물고기는?"

"멸치처럼 더 작은 물고기를 먹겠지."

"좋아, 그럼 멸치는 뭘 먹고 살겠냐?"

"음……. 그건……."

김고우가 뜸을 들이자 진서가 못 기다리겠다는 듯 먼저 말했다.

"멸치는 동물성 플랑크톤을 먹고, 그 동물성 플랑크톤은 식물성 플랑크톤을 먹어. 게다가 식물성 플랑크톤은 광합성을 하기 때문에 바다에 산소를 공급해 주는 중요한 생물이야. 이게 바로 먹이사슬이라는 거라고. 네 말대로 연못 안의 원생동물을 모두 퇴치해 버린다면 수중 생태계는 완전히 망가져 버릴 거야."

진서의 간결한 설명에 김고우는 물론 태르의 눈까지 휘둥그레졌다.

확실히 옛날 과학 수준과 현대 과학 수준의 격차는 매우 컸다. 원리와 법칙을 찾기 바빴던 과거와 달리 이젠 생태계만을 연구하는 학자가 있을 정도였다.

진서 말대로 생태계에서 원생동물은 없어서는 안 될 미생물이다. 진서 덕분에 태르는 먹이사슬을 유지하게 만드는 미생물의 역할 하나를 더 알게 된 것이다.

"와, 윤진서 너 대단하다. 네 말대로 미생물의 역할은 정말 다양한 것 같아!"

감탄 섞인 태르의 반응과 달리 김고우는 지기 싫은 얼굴로 두 주먹을 꽉 쥐고 있었다.

"좋아, 원생동물은 그렇다 치자. 그럼 원핵생물인 세균은 어떤데? 세균은 그야말로 질병 덩어리잖아!"

김고우의 세균 공격에 진서의 눈동자가 더욱 반짝거렸다.

"그건 과학 시간에 곧 배울 건데, 특별히 내가 알려 주지. 생태계에서 세균은 분해자로서 없어서는 안 될 생물이야. 세균과 같은 분해자가 없다면 지구엔 시체와 배설물로 뒤덮일 거라고. 네가 박태르를 왜 박테리아라고 부르면서 놀리는지 모르겠지만, 그 박테리아가 없다면 지구 생태계는 완전히 사라져 버릴걸?"

태르는 이번에도 진서 덕분에 새로운 사실을 깨달았다. 사람들은 오래전부터 세균이 우리가 먹는 음식을 썩게 만든다는 이유로 세균을 포함한 미생물을 꺼려했다.

하지만 진서의 말대로 만약 세상에 세균이 없다면 동물의 사체는 물론 음식쓰레기, 배설물 같은 것들을 영원히 처치할 수 없게 된다. 그래서 세균은 자연의 분해자로서 아주 중요한 역할을 담당하고 있었던 것이다.

태르가 아직 이해할 수 없다는 듯 얼굴을 찡그린 김고우에게 의미심장한 말투로 말했다.

"김고우, 더 이상 과거에 얽매이지 말고, 우리랑 현대 과학을 배워 보는 게 어때? 같이 미생물의 장점을 찾아보는 거야."

"……흥!"

김고우는 대답 대신 콧방귀를 뀌고는 몸을 휙 돌려 자기 자리로 돌아갔다. 지켜보던 진서가 태르에게 물었다.

"고우가 과거에 얽매인다니?"

"아아, 그, 그런 게 있어. 그건 그렇고 내 공약 체험 주제 진짜 괜찮겠지?"

"자연에서 대단히 작은 것의 역할은 무한히 크다? 이거?"

"응, 사실 그 말……. 파스퇴르라는 생물학자가 한 말이거든. 파스퇴르도 그 시절엔 미생물이 이렇게 엄청난 역할을 하게 될지 몰랐을 거야."

"파스퇴르? 마트에서 봤어! 그 우유가 생물학자 이름을 딴 거였구나. 왠지 친근한걸? 큭큭. 네 말대로 미생물이 어떤지 직접 찾아보는 것도 재미있을 것 같아."

진서는 마스크를 코밑으로 살짝 내리고는 태르를 향해 웃어 보였다.

태르도 왠지 진서와 더 친해진 것 같아 웃음이 나왔다.

미생물의 오해를 풀어라

태르와 진서가 준비한 미생물 체험 부스는 총 세 개로, 첫 번째 부스의 이름은 '귀여운 미생물'이었다. 미생물을 막연히 두려워하는 아이들이 색다른 체험을 할 수 있도록 구성했다.

아이들이 첫 번째 부스 앞에 모이자 준비하고 있던 태르가 소리쳤다.

"여러분, 빵 좋아하시나요?"

아이들은 마치 짠 듯이 "네!"라고 대답했다.

"그럼 여러분이 좋아하는 빵 반죽을 만들어 볼 겁니다."

태르의 말에 아이들이 웅성댔다.

"웬 빵?"

"여기서 빵을 만든다고?"

그러자 아이들의 반응을 예상했다는 듯 태르가 직접 시범을 보이면서 설명을 시작했다.

"준비된 그릇에 밀가루 두 컵과 따뜻한 물을 넣으세요. 그리고 신나게 반죽해 보세요."

밀가루 반죽은 서툴러도 재미가 있는지, 아이들은 금세 서로 장난도 치고 떠들기 시작했다.

"자, 이제 됐어요. 여러분이 정성스레 만든 이 반죽만으로 과연 맛있는 빵을 만들 수 있을까요? 아닙니다. 이 반죽이 빵이 되기 위해선 꼭 들어가야 하는 것이 있는데 우린 아직 그걸 넣지 않았어요. 그게 뭘까요?"

태르의 질문에 조용하던 아이들 사이로 한 여자아이가 손을 들며 말했다.

"엄마랑 빵 만든 적 있는데, 그때 이스트라는 걸 넣었어요."

기다렸던 답이 나왔다는 듯 태르가 손뼉을 짝, 치면서 다시

물었다.

"이스트는 어떤 역할을 하죠?"

"어……. 빵에는 구멍이 많은데 이스트가 그렇게 만든다고 들었어요."

"맞습니다. 그 이스트가 바로 효모입니다. 효모는 우리가 과학 시간에 배운 균계 생물이에요. 이 효모는 빵이 갖고 있는 포도당을 분해해서 이산화탄소를 발생시키는데, 그래서 빵에 구멍이 생기는 겁니다."

태르가 검정 천으로 가려 놓은 유리병 하나를 테이블 위에 올리고는 곧 검정 천을 벗겼다. 유리병 안에는 발효 중인 밀가루 반죽이 들어 있었다. 구멍이 숭숭 뚫린 밀가루 반죽이 선명하게 보였다. 아이들은 그 모습이 신기한지 유리병에서 눈을 떼지 못했다.

"와, 정말 발효되고 있다."

"반죽이 부글부글 끓는 것 같아."

분위기가 무르익자 태르가 이번에는 테이블 위 준비된 현미경을 가리켰다.

"여러분, 여기 현미경으로 한창 발효 중인 효모를 볼 수 있어요. 효모가 얼마나 귀엽게 생겼는지 직접 확인해 보세요."

태르의 말이 끝나기가 무섭게 아이들은 서로 먼저 보겠다며 나섰다.

현미경 렌즈로 본 효모는 동글동글한 모양이었다. 하나의 효모에 혹처럼 작고 동글한 효모가 붙어 있어서 눈사람처럼 보이기도 했다. 징그럽고 무시무시하게 생겼을 줄 알았는데 오히려 귀여운 모습이라며 아이들이 웃었다.

"귀여워. 미키마우스 같아."

먼저 체험한 여자아이의 반응에 줄을 선 아이들이 빨리 좀 보라고 재촉했다. 그러는 동안 태르는 아이들에게 설명을 덧붙였다.

"효모는 출아법으로 번식해요. 몸에서 조그만 혹이 나와서 점점 커지다가 떨어지는 방식이죠. 그래서 눈사람처럼, 미키마우스처럼 보이는 거예요."

"우와, 짱 귀엽다."

"이제 효모를 사랑할 수 있을 것 같아."

효모 관찰 체험을 마친 아이들의 얼굴에 미소가 가득했다. 태르의 생각대로 미생물을 마냥 안 좋게 보았던 시선들이 사라진 것 같았다.

"여러분, 미생물 안 무섭죠?"

"네~!"

태르의 물음에 아이들이 큰 소리로 대답했다.

"이제 다음 부스로 이동할까요?"

태르가 바로 옆 부스를 쳐다보자 아이들의 시선도 따라 움직였다. 옆 부스에는 '몸 튼튼 유익균'이라고 쓰여 있었다. 이 부스는 진서가 담당하고 있었다.

여전히 마스크를 쓴 진서가 눈웃음으로 화답했다.

"진서야, 준비됐어?"

태르의 물음에 진서가 엄지와 검지로 동그라미 모양을 만들었다.

아이들이 다음 부스로 모두 이동하자 진서가 물었다.

"여러분, 리코타치즈 좋아하시나요?"

"먹는 건 다 좋아요!"

한 남자아이가 자신 있게 소리치자 옆에 있던 아이들 모두 크게 웃었다.

"네, 좋아요. 여기서는 우유를 이용해 직접 리코타치즈를 만들어 볼 거예요. 대신 고온으로 가열해야 하니까 각자 안전에 유의해야 합니다. 먼저 인덕션 앞에 여섯 명씩 모이세요."

과학 선생님은 안전을 위해 전기 인덕션과 손잡이가 기다란 냄비를 사용할 것을 권했다. 그리고 혹시나 모를 일을 대비해 과학 선생님도 직접 부스 뒤에서 지켜보기로 했다.

"그럼 이제 시작할게요. 먼저 냄비에 우유 500밀리리터와 생크림 250밀리리터를 넣고, 소금 한 스푼을 넣습니다. 그리고 인덕션을 중간불에 맞추고 살살 저으면서 끓여 주세요."

인덕션 앞에 모인 아이들은 진서의 말대로 냄비를 젓기 시작했다. 우유가 보글보글 끓을수록 고소한 냄새가 풍기기 시작했다.

"이제 레몬즙 반 컵을 넣을 거예요. 단백질과 산성 용액이 만나면 뭉치는 성질이 있거든요. 그럼 우리가 아는 치즈의 형태가 몽글몽글 올라올 텐데 그때부터 저으면 안 됩니다."

진서의 말대로 냄비 안에 레몬즙을 넣자 마법처럼 치즈의 모양이 드러났다. 고소한 치즈 냄새가 사방으로 퍼져나갔다.

"우와, 진짜 치즈다. 꼭 순두부 같아."

"음, 스멜~."

곳곳에서 아이들의 감탄이 이어지자 진서가 손뼉을 딱 쳐서 관심을 집중시켰다.

"여러분, 이제 면보자기에 부어 물을 다 빼내면 진짜 치즈가 완성될 거예요. 뜨거우니까 조심조심 부어 주세요."

아이들은 냄비를 조심히 들어 면보자기에 붓자 물이 빠지면서 점점 고슬고슬한 리코타치즈가 드러났다.

"다 끝났어요. 이제 맛보셔도 됩니다."

진서의 말이 끝나기가 무섭게 아이들은 젓가락으로 치즈를 집어 먹었다.

"음~ 내가 만들어서 그런지 진짜 맛있다!"

"와, 과자에 얹어 먹으면 더 맛있을 것 같아!"

"진짜 치즈 맛이야! 우와, 신기하다!"

아이들은 직접 만든 리코타치즈를 먹으며 저마다 한마디씩

했다. 그때 진서가 큰 소리로 말했다.

"여러분이 오늘 먹은 건 생치즈예요. 하지만 지금 만든 치즈를 냉장고 안에 넣어 발효시킬 수 있어요. 그럼 더욱더 풍미 좋은 치즈를 맛볼 수 있을 거예요. 빵을 발효하는 데 효모가 쓰인 것처럼, 치즈를 발효하거나 요거트를 만들 때에도 미생물이 필요하답니다. 이 미생물은 무엇일까요?"

진서의 질문에 왁자했던 아이들이 조용해졌다. 그때 한 여자아이가 손을 번쩍 들고 대답했다.

"유산균 아닌가요?"

"맞습니다. 유산균은 인간에게 유익한 세균이라 유익균으로 분류되는데요, 인간의 장에 서식하며 우리 몸이 건강해지도록 도와줍니다. 미생물 중에는 우리 몸에 질병을 일으키는 것도 있지만 유익균처럼 건강을 유지시켜 주는 것도 있답니다."

말을 마친 진서가 이번에는 메주를 꺼내 들었다. 태르가 할머니에게 부탁해 발효시킨 메주였다. 황금빛 메주 표면에는 하얀색 곰팡이가 피어 있었다. 냄새 때문에 어떤 아이는 코를 막기도 했다. 그래도 이제 미생물의 세계가 흥미로워졌는지 대부분은 메주를 자세히 관찰하기 시작했다.

"우리나라의 메주나 일본의 낫토는 세계가 인정한 슈퍼푸드라고 해요. 이 메주는 고초균이라는 세균에 의해 발효 중입니다. 고초균은 단백질을 분해해서 각종 이로운 물질을 만들어 내는데, 음식의 감칠맛을 높일 뿐 아니라 소화 기능도 올려 준다고 해요. 이외에 항암, 항노화, 면역 조절에도 도움을 준답니다."

진서의 열정적인 설명이 끝나자 아이들은 만족스러운 듯 싱글싱글 웃고 있었다. 태르가 바라던 대로 미생물에 대한 오해가 많이 풀린 것 같았다.

세 번째 부스는 '먹이사슬의 시작, 미생물' 부스로 담임선생님이 담당했다. 곧 과학 시간에 배울 먹이사슬에 대해 미리 가르쳐 줄 기회라며 흔쾌히 도와주었다.

부스 앞에 아이들이 모이자 선생님이 멸치를 꺼냈다.

"이건 우리가 국물을 내거나 볶아서 먹는 멸치예요. 이 작은 멸치가 바다에서는 어떨까요? 바다생물 대부분의 먹이가 되는 것이 바로 이 멸치입니다. 그렇다면 멸치는 과연 무엇을 먹고 살까요?"

선생님이 물에 불린 멸치의 몸을 반으로 꺾자 멸치 똥이라고 부르는 게 나왔다.

"이게 바로 멸치의 위예요."

그러고는 멸치의 위를 면도칼로 잘라서 그 안에 든 가루를 받침 유리 위에 올렸다.

"이건 멸치의 위에서 나온 가루인데 뭘까요? 현미경으로 관찰해 볼까요?"

현미경 렌즈로 본 가루에서는 다양한 모양이 보였다. 공처럼 보이기도, 나뭇가지처럼 보이기도 했는데 원생동물의 일종인 듯 보였다.

바다 속에서 가장 하찮은 존재라 생각했던 멸치도 원생동물에 의해 먹고살았다. 원생동물은 자연 속 먹이사슬의 시작과도 같았던 것이다.

세 가지 체험 부스를 모두 참여한 아이들의 표정은 체험 전과 달리 신나 보였다. 미생물이 무섭고 불결하다며 오해한 스스로의 생각을 바꾼 것이었다.

그러는 사이 소문을 듣고 체험을 하고 싶다며 부스로 몰려든 아이들이 길게 줄을 서기 시작했다. 계속 서서 몇 번이고

같은 말을 큰 소리로 말하다 보니 태르는 다리도 아프고 목도 아팠다.

파스퇴르가 생전에 인류의 복지를 위해 모든 힘을 쏟았던

것처럼 미생물이 지닌 가치가 얼마나 대단한지 알리기 위해 최선을 다했다.

그렇게 태르와 진서 그리고 담임선생님은 쉴 틈 없이 밀려드는 아이들을 모두 상대한 뒤에야 겨우 한숨 돌릴 수 있었다.

진서가 오늘 한 번도 앉지 못했던 의자에 털썩 주저앉았다. 이마에는 땀방울이 송글송글 맺혀 있었다.

"진짜 고생했어, 진서야."

"박태르, 너도."

성공적인 공약 체험 행사였다. 태르가 평가하기엔 그랬다. 기진맥진한 진서의 눈이 초롱초롱 빛났다.

"진서야. 이 정도면 성공?"

"아니."

고개를 가로저은 진서의 대답에 태르가 의아한 듯 다시 물었다.

"엥? 그럼 실패한 거야?"

그러자 진서가 턱 아래에 걸치고 있던 마스크를 벗고, 양손에 낀 면장갑을 벗어 쓰레기통 안으로 던져 넣었다. 그러고는 밝게 웃으며 태르를 향해 말했다.

"사실 나도 미생물을 아주 많이 오해하고 있었어. 태르, 네 공약 덕분에 아이들뿐만 아니라 내가 가진 오해와 편견도 다 깨져 버렸어. 이건 성공이 아니라 앞에 한 글자를 더 붙여야 해! 이번 체험은 대성공이야!"

"에이, 난 또 뭐라고! 진짜 대성공!"

진서와 태르는 누가 먼저라고 할 것 없이 펄쩍 뛰어 하이파이브를 했다.

진서를 포함한 아이들에게 미생물의 진짜 가치를 알렸으니 이로써 태르는 세상을 이롭게 하기 위한 일 하나를 해냈다.

그러나 태르의 가슴 한켠에 응어리 하나가 남은 듯 답답했다. 바로 김고우라는 응어리였다.

웬일인지 김고우는 행사 내내 보이지 않았다.

마지막 승부

"박태르, 학교 안 갈 거야?"

머릿속을 울리는 목소리에 태르가 침대에서 벌떡 일어났다.

"누, 누구얏!"

주변을 둘러봤지만, 방 안에는 아빠도 엄마도 누나도 없었다.

"나야, 나! 카론!"

태르의 머릿속에서 목소리가 더 크게 울렸다. 뭔가로 꽉 막힌 것처럼 귓속에 뭔가 있는 느낌이 들었다. 머리를 옆으로 기울이고 제자리에서 몸을 통통 뛰어 보았다.

그러자 귓속에서 에서 뭔가가 툭 튀어나왔다. 그것은 아주 작았는데 점점 커지더니 순식간에 태르의 손바닥만 해졌다. 태르는 어디서 그걸 본 적이 있었다. 짚신벌레였다.

"뭐야? 왜 그런 모습을 하고 있죠?"

"후후, 나도 원생동물이 마음에 들었거든. 특히 짚신을 닮은 짚신벌레라니, 얼마나 귀여워?"

"휴, 신 치곤 장난을 너무 좋아하는 거 아닌가요? 그나저나 왜 온 거죠?"

"드디어 스틱스 강의 장막이 걷혔어. 이제 저승으로 건너갈 수 있다고."

"장막이 걷혔다니? 전 아직 의미 있는 일을 다 끝내지 못한 걸요?"

카론은 자기의 짚신벌레 몸을 꾸물거리며 스멀스멀 기어다니며 말했다.

"미생물을 오해하고 있는 아이들의 마음을 바꿔 놨잖아."

"고작 그게 의미 있는 일이라고요?"

"자네도 깨달았지 않은가. 세상을 바꿀 정도로 미생물이 가진 역할은 엄청나다는 걸. 지구에 없어서는 안 되는 미생물의 운명처럼, 전에 내가 올리브 나뭇가지를 떨어뜨린 것도 사실 다 운명일세."

"자기가 실수해 놓고 그렇게 어물쩍 넘어 가려고 하지 마시죠!"

"아, 알았다고"

그때 카론의 모습이 짚신벌레에서 나팔 모양의 나팔벌레로 변했다.

"박태르, 아니지 루이 파스퇴르! 장막이 열렸으니 어서 저승으로 가자고."

태르는 저승으로 넘어가야만 한다고 생각했지만, 몸이 쉽게 움직이지 않았다.

"맞다. 과학탐구회장 선거! 선거 결과는 보고 가야죠. 진서랑도 잘 마무리하고 싶다고요."

"그거야말로 자네가 관여하면 안 돼. 오랫동안 진정으로 학교와 학생들을 생각할 인물이 뽑히는 게 맞아."

맞는 말이다. 카론은 나팔벌레에서 다시 녹색 반달 모양으로 변했다.

"이건 뭔지 아는가?"

"반달말이잖아요. 이제 장난 그만하시죠. 아직 제게 남은 시간이 있잖아요. 분명히 100일이라고 하지 않았습니까."

카론이 이번에는 장구 모양으로 변했다.

"이건……. 컥!"

태르는 장난을 멈추지 않는 카론 때문에 화가 나 폭발하기 직전이었다. 볼펜으로 장구가 된 카론을 치는 시늉을 했다.

"장난 그만!"

"아, 알았네. 100일이라고 말한 건 내가 최대한 자네한테 줄 수 있는 시간이고, 그사이 언제라도 임무를 완수한다면 장막이 걷힌다네."

태르는 남아 있는 김고우, 아니 로베르트 코흐가 마음에 걸렸다. 찜찜한 마음 그대로 혼자 돌아갈 수 없었다. 안 그래도 며칠간 로베르트 코흐에 대해 조사하던 중이었다.

"시간 더 주시죠."

"안 돼. 내가 혼난단 말이야."

"신이라면서 대체 누구한테 혼난다는 겁니까?"

"당연히 저승 대왕 하데스 님이지. 하데스 님은 정해진 규칙을 준수하는 걸 아주아주 중요하게 여기시거든."

"저도 저승에 가면 하데스 님을 만나는 건가요?"

"당연하지. 저승에 발을 들이는 모든 영혼은 하데스 님을 만나야 해."

카론의 말을 듣고 태르의 얼굴에 미소가 서렸다.

"그럼 하데스 님께 누가 올리브 막대를 스틱스 강에 떨어뜨려 어쩔 수 없이 이승에 다녀왔다고 말해도 되는 거죠? 큭큭."

"헉! 그, 그건 반칙이야."

장구 몸이었던 카론이 원래의 몸으로 돌아왔다.

"아니, 도대체 이승에 남아서 뭘 더 하려고?"

"김고우, 아니 로베르트 코흐와 오해를 풀어야죠."

"그게 뭐 중요하다고……. 아, 알았어. 그것만 해결하면 바로 가야 해!"

"오케이."

태르의 대답을 들은 카론의 몸이 다시 줄어들더니 눈앞에서 사라져 버렸다. 태르는 서둘러 학교 갈 준비를 했다.

학교에 도착해 교실에 들어서자 김고우가 자기 자리에서 고개를 푹 숙이고는 뭔가를 열심히 읽는 모습이 보였다. 형광펜으로 밑줄을 그으며 공부하는 것 같았다. 뭐라고 먼저 말걸기가 어려웠다.

얼마 후 수업 시작 벨이 울리고, 담임선생님의 들어왔다.

"1교시 과학이네?"

아이들이 과학 교과서를 펼쳤다.

"오늘은 생태계를 공부해 볼 거예요. 생태계는 크게 생물적 요소와 비생물적 환경요소로 나뉘는데 생물은 생산자, 소비자, 분해자로 다시 나눌 수 있어요. 나무와 풀처럼 생산자는 광합성을 통해 영양소를 만들고, 동물과 같은 소비자는 다른 생물로부터 영양소를 얻습니다. 분해자는 세균, 곰팡이 같은 미생물을 말하는데 이들의 위치는 아주 중요해요."

선생님은 컴퓨터를 조작해 식빵 위에 핀 푸른곰팡이 사진을 스크린에 크게 띄웠다. 사진을 보고 인상을 찌푸리는 아이들도 있었지만 대부분 거부감 없이 담담하게 바라보았다.

"곰팡이가 참 아름답네요. 푸핫!"

장난기 많은 철민이의 한마디에 한바탕 웃음이 터졌다. 선생님도 참지 못하고 한참을 웃더니 다시 말했다.

"두 친구 윤진서와 박태르 덕분에 여러분도 미생물과 좀 친해진 것 같네요."

아이들이 진서와 태르를 번갈아 쳐다보았다.

"옛날에는 질병에 걸리면 곧 죽는 것과 다름없다고 생각했어요. 마땅한 치료법이 없다 보니 환자는 스스로 이겨 내지 못한 채 죽음에 이르게 되었죠. 바로 그 질병이 세균이나 바이러스와 같은 미생물에 의해 일어난다는 사실이 밝혀지면서 사람들은 미생물에 대해 큰 두려움을 갖게 되었답니다. 하지만 사실 대부분의 미생물은 우리가 생활하는 데 도움이 돼요. 어떻게 도움이 되는지 곰팡이가 아름답다고 한 철민이가 말해 볼까?"

아이들이 다시 한바탕 웃었다. 웃음이 잦아들자 철민이가 일어나 씩씩하게 대답했다.

"미생물은 분해자이기 때문입니다. 사체나 배설물은 자연에서 미생물에 의해 분해되니까 결국 흙에서 와서 다시 흙으로 돌아가는 것과 마찬가지죠."

"오, 흙에서 와서 다시 흙으로 돌아간다? 멋진데? 다들 철민이한테 박수쳐 주자!"

큰 박수 소리와 함께 철민이는 자리에 앉았다.

"철민이가 말한 흙은 무기물이라고 할 수 있어요. 미생물은 낙엽을 무기물로 분해하고 다시 식물이 흡수해서 사용할 수 있게 해 준답니다. 이렇게 미생물은 물질을 순환시켜 주는 역할을 담당해요. 그리고 미생물은 인간에게도 이로운 일을 하기도 하는데, 뭐가 있을까요?"

선생님의 물음에 몇몇 아이들이 손을 들고 저마다의 생각을 말했다.

"김치, 요구르트 같은 발효 식품을 만들어 줘요."

"먹이사슬의 기본이요. 멸치의 먹이가 돼요."

"이로운 유산균이요. 장에서 소화를 도와 변비에 걸리지 않게 해 줘요."

변비라는 말에 교실은 다시 웃음바다가 되었다. 선생님은 아이들의 대답이 만족스러웠는지 웃음을 지었다.

"다 맞는 말이에요. 이번 공약 체험 행사를 통해 미생물에 대해 확실히 이해한 것 같네요. 자, 그럼 지금부터 고우가 준비해 온 걸 발표할 텐데 함께 들어봐요."

선생님의 말이 끝나자 김고우가 교실 앞으로 나왔다. 선생님은 발표 자료를 스크린에 띄우고는 말했다.

"어제 행사가 끝나고 고우가 선생님을 찾아왔어요. 진서와 태르가 준비한 공약 체험 행사를 보고 싶다면서요."

'엥? 김고우가 왔었다고?'

"고우가 직접 말해 볼래?"

김고우는 부끄러운지 얼굴이 빨개졌다.

"바, 박태르. 네, 네 말대로 나도 이로운 미생물이 뭔지 궁금해 죽겠더라고."

로베르트 코흐도 위대한 세균학자다. 평생 인류에게서 질병을 물리칠 생각만 했지, 지구 생태계에서의 미생물의 역할에는 관심을 두지 않았다.

태르가 시간 가는 줄 모르고 현미경으로 원생동물을 들여다본 것처럼 김고우도 사실 미생물이 궁금했던 것이다. 호기심이 자존심을 이긴 것이다.

"고우가 찾아와서 오늘 과학 시간에 직접 미생물을 조사한 결과를 발표하고 싶다고 했으니까 잘 들어봅시다."

선생님의 안내가 끝나자 김고우가 태르를 바라보았다. 고우의 눈에는 늘 가득 차 있던 분노가 사라져 있었다. 김고우의 마음을 알았는지 태르가 고개를 끄덕여 보였다.

그때 김고우가 준비한 영상이 스크린 위에 재생되었다. 아름다운 바다 속 풍경이 펼쳐지고 울긋불긋한 산호섬에 각양각색의 물고기들이 자유롭게 떠다녔다.

잠시 후 산호섬에 버려진 폐그물이 보였다. 파란 빛깔의 물고기가 그물에 걸려 발버둥치기 시작했다. 바로 옆으로는 거북이 한 마리가 콧구멍에 플라스틱 빨대를 낀 채 지나갔다.

충격적인 장면에 아이들의 인상이 찌푸려졌다. 잠시 영상을 멈춘 김고우가 설명에 나섰다.

"저도 여러분처럼 미생물을 나쁘게만 생각했었습니다. 미생물은 질병을 일으키기 때문이죠. 하지만 저를 위해 선생님께서는 박태르와 윤진서가 준비한 실험을 따로 체험할 수 있도록 도와주셨어요. 그러면서 저는 자연 생태계에 미생물은 반드시 필요하다는 사실을 깨닫게 되었습니다."

김고우는 태르와 눈을 마주쳤다. 그러거나 말거나 철민이

가 손을 휘휘 흔들었다.

"저기, 영상에 나온 플라스틱 쓰레기는 미생물과 관련이 없지 않아?"

"아니, 그렇지 않아. 미생물은 바다 속 오염은 물론 우리까지 살리고 있어."

김고우가 새로 띄운 화면에는 플라스틱을 마구 갉아먹는 밀웜의 영상이 재생되었다.

"딱정벌레의 애벌레인 밀웜은 플라스틱을 갉아먹고도 어떻게 살 수 있을까요?"

아이들은 처음 보는 장면에 눈을 떼지 못했다.

"여러분, 놀라지 마세요. 밀웜의 배 속에는 플라스틱을 분해할 수 있는 세균이 살고 있답니다. 그래서 플라스틱을 먹어 치울 수 있다고 해요. 만약에 우리가 이 플라스틱을 분해하는 세균을 이용한다면 바다 생태계를 망가뜨리는 플라스틱 쓰레기를 잘 처리할 수도 있어요."

김고우의 설명이 흥미로웠는지 철민이가 소리쳤다.

"플라스틱 먹는 세균 최고!"

아이들이 와하하, 웃었다.

김고우가 다음 화면을 띄웠다. 쓰레기가 산처럼 쌓여 있는 모습이 나왔다.

"쉬와넬라균이라는 세균은 전기를 만듭니다. 이 세균은 이런 쓰레기를 분해해서 전기를 만들죠. 만약에 우리가 이 쉬와넬라균을 이용한다면 쓰레기 처리와 동시에 전기를 만들 수도 있을 거예요. 아예 여기에 발전소를 세우는 건 어떨까요?"

철민이 다시 손을 흔들면서 소리쳤다.

"피카츄 세균 최고!"

이제 아이들은 배를 부여잡거나 손뼉을 크게 치면서 시끄럽게 웃었다.

"이 밖에도 자석을 만드는 세균도 있습니다. 병원에서는 항암치료하는 데 이 세균을 사용한다고 해요. 최근에는 원자로 사고로 큰 피해를 입은 체르노빌의 방사선 쓰레기를 분해 가능한 세균도 발견되었다고 합니다. 일본의 방사선 오염수를 처리하는 게 어렵다고 하는데, 이 방사성 물질 분해 세균을 활용해 해결할 수도 있다고 해요."

김고우의 발표가 끝나자 아이들은 각자 하고 싶은 말을 나누었다.

"이제 세균을 사랑할 테야."

"미생물이 이 정도로 훌륭한 녀석인지 몰랐는걸."

바로 전날 태르와 진서가 아이들에게 미생물과 친해지는 법을 알려 줬다면, 김고우는 미생물을 더욱더 좋아하게 만들었다.

선생님의 손뼉 소리에 아이들이 시선이 모였다.

"세균이 이 정도로 우리에게 이로운 미생물이었는지 잘 몰랐는데, 선생님도 고우 덕분에 잘 알게 되었네요. 유익한 정보를 전해 준 고우에게 다 같이 감사의 박수 쳐 줄까요?"

바로 그때 김고우가 손을 들고 외쳤다.

"잠깐! 박수는 박테리아, 아니 박태르에게 쳐 주세요."

"그게 무슨 소리니?"

"박태르는 모두가 두려워했던 미생물이 우리에게 얼마나 많은 도움을 주고 있는지 직접 보여 주었잖아요. 아무리 교과서에 그 내용이 적혀 있다고 해도 실제로 경험해 보지 않으면

알기 힘들거든요. 저도 이번에 미생물에 대해 제대로 공부하면서 박태르처럼 그동안 우리가 몰랐던 내용들을 다른 사람들에게 전해 주고 싶어졌어요. 그래서 이렇게 조사해 온 거고요."

"그럼 안 부를 수 없겠네. 박태르, 앞으로 나오세요."

선생님의 부름에 태르가 교실 앞으로 나왔다. 뜻밖에도 김고우가 박태르에게 손을 내밀었다. 화해의 신호였다.

태르가 기다렸다는 듯 김고우의 귓가에 대고 말했다.

"로베르트 코흐는 고등학교 교과서에도 나오지 않은 인물이지만, 대학교 교재에는 아주 중요한 인물로 등장해. 코흐의 가설은 현대에 세균의 이름을 짓는 데 사용되고 있다고 해. 그래서 '병원미생물학의 아버지'라고 불린대."

"쳇, 그 정도는 나도 찾아봐서 안다고. 박테리아."

김고우도 기다렸다는 듯 박태르의 손을 맞잡았다. 물론 선생님과 아이들은 두 사람이 무슨 얘길 나누었는지 알아듣지 못했다.

선생님이 의아한 표정으로 물었다.

"둘이 무슨 얘길 그렇게 재미있게 하니? 같이 좀 알자."

"선생님, 오래전에 미생물을 연구했던 루이 파스퇴르와 로베르트 코흐는 유명한 과학자였나요?"

"그걸 말이라고 하는 거니? 아주 위대한 과학자들이지."

선생님의 대답에 김고우와 박태르가 맞잡은 손에 꽉 힘을 주었다.

"그래도 제 생각에는 파스퇴르가 더 훌륭한 것 같아요. 파스퇴르 우유가 맛있잖아요. 크크크. 안 그래, 박테리아?"

"김고우, 근데 왜 날 아직도 박테리아라고 부르는 거야?"

"존경의 의미지! 박테리아는 우리 지구의 희망이잖아. 하하하."

태르가 고개를 돌려 앉아 있는 진서를 바라보았다. 태르 혼자 이 영광을 받을 수 없었다. 진서는 태르의 마음을 읽었는지 밝게 웃어 보이면서 괜찮다는 신호를 보냈다. 박태르가 어째서 진서를 좋아했는지 그 이유를 조금은 알 것 같았다.

선생님이 김고우와 태르의 어깨를 한번에 감싸며 말했다.

"이렇게 된 거 우리 반에만 살짝 말해 줄게요. 김고우와 박태르가 기획한 과학 체험 행사가 아주 좋은 반응을 얻어서 매년 두 차례씩 열기로 오늘 아침 교무회의에서 결정했답니다."

"와! 정말요?"

"오예, 빵 또 먹을 수 있겠네!"

"이번엔 현미경으로 다른 생물 봐 볼래."

선생님의 폭탄 발표를 듣고 신이 난 아이들 때문에 교실은 순식간에 소란스러워졌다.

"앗, 아, 아니요. 선생님!"

그때 태르가 난감한 듯 소리쳤다.

"태르야, 뭐가 아니니?"

"김고우, 박태르만 기획한 행사가 아니에요. 윤진서, 민소율도 같이 했어요."

"앗! 미안. 선생님이 실수했네."

선생님은 머리를 긁적이더니 아이들을 다시 주목시켰다. 그러고는 박태르, 김고우, 윤진서, 민소율이 기획한 체험 행사라고 정정해 주었다.

교실 안 모두가 행복한 순간이었다.

스틱스 강을 건너는 배 위에 두 노인이 편히 누워 있었다. 비로소 저승에 갈 수 있게 된 파스퇴르와 코흐였다.

파스퇴르가 걱정스러운 얼굴로 코흐에게 물었다

"이봐, 코흐. 21세기에도 새로운 바이러스가 출연하고, 그에 따라 새로운 질병이 생겼다는데 인간들은 정말 괜찮을까?"

"그건 걱정하지 않아도 돼. 21세기에도 수많은 과학자들이 실험실에서 새로운 백신을 만들고 있지 않은가."

"그렇겠지? 내가 꿈꾼 것처럼 세상의 모든 질병을 치료할 수 있는 백신을 만든다는 건 불가능한 얘기였던 걸까?"

"이보게, 파스퇴르. 그 세대 사람들 걱정은 그만하지 그래. 우리도 곧 저승에 도착할 테니 슬슬 하데스 님을 만날 때까진 편히 쉬자고."

코흐는 잠시 일으켰던 몸을 다시 뉘면서 유유히 흐르는 강물을 바라보았다.

"허허허, 그러세. 한데 노벨상이라는 걸 받을 때 기분이 좋았나?"

"그걸 말이라고 하나? 좋았지. 매우 좋았지. 하하하."

"그럼 나도 다시 이승으로 내려가서 노벨상이나 한번 받아 볼까? 허허허."

"하하하, 노벨상 받기가 그리 쉬운 줄 아는가?"

"나 파스퇴르라면 당연히 받지. 아니, 꼭 받을 걸세."

파스퇴르가 배 뒤에서 조용히 노를 젓는 카론을 의미심장한 눈으로 쳐다보았다.

"카론, 안 그런가요? 한번 시험해 볼까요? 하하하."

파스퇴르의 물음에 카론은 입에 물고 있는 올리브 나뭇가지를 더욱 세게 악물었다. 그러고는 조심조심 말했다.

"드 버는 저대 아 대."

"두 번은 절대 안 돼? 알았어요, 알았어. 하하하."

평생을 세균학 연구에 바치며 질병으로부터 수많은 사람들을 구한 두 영웅이 탄 배는 저 멀리 저승으로 사라져 갔다.

작가의 말

2005년 프랑스 국민이 뽑은 프랑스 위인이 발표된 적이 있어요. 여기에 루이 파스퇴르는 2위에 이름을 올렸답니다. 1위는 프랑스 국민에게 2차 세계대전의 영웅으로 추앙 받는 샤를 드골이었고요. 노벨상을 두 번이나 수상한 마리 퀴리는 4위, 위대한 문학가 빅토르 위고는 6위, 나폴레옹은 16위였어요.

그 정도로 프랑스 국민들에게 파스퇴르는 존경 받는 위인 중 한 명이에요. 유로화를 쓰기 전 1960년대에 사용되던 5프랑짜리 지폐에 파스퇴르의 얼굴이 새겨져 있을 정도거든요.

이 지폐의 앞뒤에는 파스퇴르의 모습과 함께 그의 업적이 상징적으로 그려져 있답니다.

앞면에 그려진 건물은 프랑스 정부가 파스퇴르의 명성과 공헌을 기리기 위해 1888년에 세운 파스퇴르 연구소예요. 지금도 파스퇴르 연구소에서는 생명 연구를 계속 하고 있어요. 참, 파스퇴르 연구소는 한국에도 있답니다.

뒷면에는 광견병에 걸린 개와 싸우는 양치기 소년이 그려져 있어요. 파스퇴르가 만든 광견병 백신을 맞고 생명을 구한 소년의 이야기를 상징적으로 표현한 거예요.

그 옆에는 현미경과 백조목 플라스크가 그려져 있는데, 주변 보석처럼 보이는 게 바로 파스퇴르가 최초로 연구한 결정학을 상징한답니다.

파스퇴르는 생전에 저온살균법으로 큰돈을 벌 수 있었어요. 그러나 어린이들의 건강과 인류의 복지를 위해 자신의 연구가 사용되길 바라며 특허를 포기했답니다. 프랑스 국민들이 뽑은 위인 2위에 오를 만하지 않나요?

이 책에서 파스퇴르의 라이벌로 그려 낸 독일의 미생물학자 로베르트 코흐는 의학 미생물학의 창시자로 불린답니다. 특정 미생물에 의해 특정 질병이 유발된다는 코흐의 가설은 지금도 질병 원인균을 찾는 방법으로 사용되고 있어요.

질병을 일으키는 원인균을 찾는 과정은 해당 질병을 치료하기 위해 반드시 거쳐야 하는 과정이거든요. 그래야 적절한 백신과 치료제를 만들 수 있기 때문이에요.

코흐의 가장 위대한 업적은 결핵균을 발견한 거예요. 1881년 당시 인류 사망 원인의 7분의 1을 차지할 만큼 결핵은 무서운 전염병이었거든요.

이처럼 오늘날 우리가 건강하게 일상을 보낼 수 있는 이유는 어쩌면 파스퇴르와 코흐와 같은 미생물학자들 덕분일지 몰라요. 그들의 헌신적인 연구가 있었기 때문에 질병에 대한 두려움을 더 갖고 살 수 있게 되었으니까요.

갈수록 미생물이 지닌 가치와 영향력은 더 크게 증가하고 있어요. 과학자들은 자연에는 아직 발견되지 않은 미생물들이 발견된 생물보다 훨씬 많을 거라고 예상하고 있어요. 즉 앞으로 인간이 사는 데 지구가 스스로 회복할 수 있는 능력이 매우 중요해질 거라는 얘기예요.

그만큼 그동안 인간의 목숨을 위협하며 악명을 떨쳤던 미생물은 이제 인간과 자연을 살릴 정도로 어마어마한 힘을 지녔다는 걸 알았으면 해요.

여러분 중에서도 파스퇴르와 코흐처럼 훌륭한 미생물학자가 탄생할 수 있었으면 좋겠어요. 미래의 지구를 살리기 위해 끊임없이 연구하고 실험하는 과학자의 삶도 나쁘지 않을 것 같거든요.

2022년 2월
윤자영